下輩の機類

観無量寿経講読 XXII

円日成道著

群萌学舎
永田文昌堂

表紙・カット　折口浩三

巻頭言

一九九五（平成七）年正月、私はそれまでのサラリーマン生活を切り上げ、郷里の生まれ育ったお寺を継ぐことになりました。

帰郷後まもなく阪神・淡路大震災が発生しました。死者は六千四百人を超え、数週間前まで同僚だった知人も亡くなりました。「大災害は外国のこと・・・」と思っていた私は、身近で起こった大災害にショックを受けました。

そのショックもさめやらぬ三月二十日、地下鉄サリン事件が起きました。平時の大都市で、無差別殺戮のために化学兵器が使用されるという前代未聞の事件は、その実行犯が宗教教団の幹部であったことも含めて、世界中に衝撃を与えました。

この二つの出来事は、お寺での生活を始めたばかりの私を不安にさせるのに十分でした。

初めて円日先生の観無量寿経購読に参加したのは、こんな状況の中でのことでした。それまで王舎城の物語を過去のお伽噺のように聞いていた私にとって、円日先生のお話は新鮮でした。古い経典の言葉を、現在の生活の中で読み解く。初めて経典の読み方を教わったように感じ、円日先生に出遭えたことを喜びました。

阪神・淡路大震災は「ボランティア元年」と呼ばれています。現地ボランティアの参加者は三ヶ月間で延べ百十七万人といわれ、現地には行かず献血・義捐金・物質提供など後方支援を含めると、その参加者は膨大です。被災地でのボランティア活動や支援の重要度の認識が飛躍的に高まったのが阪神・淡路大震災でした。その高まりはその後の災害にも承継がれています。

一方「地下鉄サリン事件」は何を残したでしょうか。宗教界全体が向き合わなければならない問題だったはずですが実際はそうはなりませんでした。

お釈迦様は王家に生まれながら、その生活を捨て出家します。その動機がいかに大きなものかは、捨てられたものによって知ることが出来ます。クシャトリアの身分として生まれたお釈迦様が、地位・名誉・財産・家族それら諸々のものを捨てるということは、私に当てはめれば、住職を辞め、寺を出て橋の下の生活に入るようなものでしょう。

事件を起こした教団には「出家信者」がいました。彼らにもそれまでの生活を捨てなければならない何かしらの動機があったはずです。しかし彼らもお釈迦様が捨てられた、疑似科学を纏った神秘の修行に絡め取られてしまいました。

ある元信者は、既成仏教教団は「単なる風景に過ぎなかった」と言いました。既成仏教教団には、彼らの「動機」に答えられるだけの回答を持っていないと判断されたのです。

仏教の出発点を忘れた日本の仏教界は宗派を問わず、お釈迦様が捨てたものを拾い集めては再びばらまくことで成り立っているのではないかと恥ずかしくなります。

真実を語らない仏教は、仏教ではない。円日先生の風貌と言葉は、優しさにあふれていましたが、その眼には厳しさもありました。

毛利慶典

目次

第十六観（下品上生）

佛告阿難、及韋提希、下品上生者、或有衆生、作衆惡業。雖不誹謗、方等經典、如此愚人、多造衆惡、無有慚愧。

命欲終時、遇善知識、爲讃大乘。十二部經、首題名字。以聞如是、諸經名故、除却千劫、極重惡業。

【一八】 佛《ぶつ》、阿難《あなん》および韋提希《いだいけ》に告《つ》げたまはく、「下品上生《げぼんじょうしょう》といふは、あるいは衆生《しゅじょう》ありてもろもろの悪業《あくごう》を作《つく》らん。方《ほう》等経典《どうきょうてん》を誹謗《ひほう》せずといへども、かくのごときの愚人《ぐにん》、多《おお》く衆悪《しゅあく》を造《つく》りて慚愧《ざんぎ》あることなけん。

命終《いのちおわ》らんとするとき、善知識《ぜんぢしき》、ために大《だい》乗《じょう》十二《じゅうに》部《ぶ》経《きょう》の首題名字《しゅだいみょうじ》を讃《さん》ずるに遇《あ》はん。かくのごときの諸経《しょきょう》の名《な》を聞《き》くをもつてのゆゑに、千劫《せんごう》の極重《ごくじゅう》の悪業《あくごう》を除《じょ》

智者復教。合掌叉手、稱南無阿彌陀佛。稱佛名故、除五十億劫、生死之罪。

爾時彼佛、即遣化佛、化観世音、化大勢至、至行者前、讃言善男子、汝稱佛名故、諸罪消滅、我來迎汝。作是語已、行者即見、化佛光明、偏滿其室。見已歡喜、即便命終。乘寶蓮華、隨化佛後、生寶

却《きゃく》す。智者《ちしゃ》また教《おし》へて、合掌《がっしょう》・叉手《しゃしゅ》して南無阿弥陀佛《なもあみだぶつ》と称《しょう》せしむ。佛名《ぶつみょう》を称《しょう》するがゆゑに、五十億劫《ごじゅうおくこう》の生死《しょうじ》の罪《つみ》を除《のぞ》く。

そのときかの佛《ぶつ》、すなはち化佛《けぶつ》・化観世《けかんぜ》音《おん》・化大勢至《けだいせいし》を遣《つか》はして行者《ぎょうじゃ》の前《まえ》に至《いた》らしめ、〔化佛等《けぶつとう》の〕讃《ほ》めていはく、〈善男《ぜんなん》子《し》、なんぢ佛名《ぶつみょう》を称《しょう》するがゆゑにもろもろの罪消滅《つみしょうめつ》す。われ来《きた》りてなんぢを迎《むか》ふ〉と。この語《ご》をなしをはりて、行者《ぎょうじゃ》すなはち化佛《けぶつ》の光明《こうみょう》の、その室《しつ》に遍満《へんまん》せるを見《み》たてまつる。見《み》をはりて歓喜《かんぎ》してす

池中。經七七日、蓮華乃敷。當華敷時、大悲觀世音菩薩、及大勢至、放大光明、住其人前、爲説甚深、十二部經。聞已信解、發無上道心。經十小劫、具百法明門、得入初地。是名下品上生者。得聞佛名法名、及聞僧名。聞三寶名、即得往生。

なはち命《いのち》終《おわ》る。宝蓮華《ほうれんげ》に乗《じょう》じ、化佛《けぶつ》の後《しりえ》に随《したが》ひて宝池《ほうち》のなかに生《しょう》ず。七七日《しちしちにち》を経《へ》て蓮華《れんげ》すなはち敷《ひら》く。華《はな》の敷《ひら》くるときに当《あた》りて、大悲《だいひ》の観世音菩薩《かんぜおんぼさつ》および大勢至《だいせいし》、大光明《だいこうみょう》を放《はな》ちてその人《ひと》の前《まえ》に住《じゅう》して、ために甚深《じんじん》の十二部経《じゅうにぶきょう》を説《と》く。聞《き》きをはりて信解《しんげ》して、無上道心《むじょうどうしん》を発《おこ》す。十小劫《じっしょうこう》を経《へ》て百法明門《ひゃっぽうみょうもん》を具《ぐ》し、初地《しょじ》に入《い》ることを得《う》。これを下品上生《げぼんじょうしょう》のものと名《な》づく。佛名《ぶつみょう》・法名《ほうみょう》を聞《き》き、および僧名《そうみょう》を聞《き》くことを得《う》。三宝《さんぼう》の名《みな》を聞《き》きて、すなはち往生《おうじょう》を得《う》」と。

第十六観（下品中生）

佛告阿難、及韋提希、下品中生者、或有衆生、毀犯五戒八戒、及具足戒。如此愚人、偸僧祇物、盗現前僧物、不淨説法。無有慚愧以、諸惡業而、自莊嚴。如此罪人、以惡業故、應墮地獄。

命欲終時、地獄衆火、一

【二九】 佛《ぶつ》、阿難《あなん》および韋提希《いだいけ》に告《つ》げたまはく、「下品中生《げぼんちゅうしょう》といふは、あるいは衆生《しゅじょう》ありて、五戒《ごかい》・八戒《はっかい》および具足戒《ぐそくかい》を毀犯《きぼん》せん。かくのごときの愚人《ぐにん》は、僧祇《そうぎ》物《もつ》を偸《ぬす》み、現前僧物《げんぜんそうもつ》を盗《ぬす》み、不浄説法《ふじょうせっぽう》して、慚愧《ざんぎ》あることなく、もろもろの悪業《あくごう》をもつてみづから荘厳《しょうごん》す。かくのごときの罪人《ざいにん》は悪業《あくごう》をもつてのゆゑに地獄《じごく》に堕《だ》すべし。

命終《いのちおわ》らんとするとき、地獄《じごく》の衆火《しゅか》、一時《いちじ》

時倶至。遇善知識、以大慈悲、爲説阿彌陀佛、十力威德、廣説彼佛、光明神力、亦讚戒定慧、解脱解脱知見。此人聞已、除八十億劫、生死之罪。地獄猛火、化爲清涼風、吹諸天華。華上皆有、化佛菩薩、迎接此人。

如一念頃、即得往生。七寶池中、蓮華之内、經於六劫、蓮華乃敷。當華敷

にともに至《いた》る。善知識《ぜんぢしき》の、大慈悲《だいじひ》をもって、ために阿弥陀佛《あみだぶつ》の十力威徳《じゅうりきいとく》を説《と》き、広《ひろ》くかの佛《ぶつ》の光明神力《こうみょうじんりき》を説《と》き、また戒《かい》・定《じょう》・慧《え》・解脱《げだつ》・解脱知見《げだつちけん》を讃《さん》ずるに遇《あ》はん。この人《ひと》、聞《き》きをはりて八十億劫《はちじゅうおくこう》の生死《しょうじ》の罪《つみ》を除《のぞ》く。地獄《じごく》の猛火《みょうか》、化《け》して清涼《しょうりょう》の風《かぜ》となり、もろもろの天華《てんげ》を吹《ふ》く。華《はな》の上《うえ》にみな化佛《けぶつ》・菩薩《ぼさつ》ましまして、この人《ひと》を迎接《こうしょう》す。

一念《いちねん》のあひだのごとくに、すなはち往生《おうじょう》を得《う》。七宝《しっぽう》の池《いけ》のなかの蓮華《れんげ》のうちにして六劫《ろっこう》を経《へ》て蓮華《れんげ》すなはち敷《ひら》けん。華《はな》の

時、観世音、大勢至、以梵音聲、安慰彼人、爲説大乗、甚深經典。聞此法已、應時即發、無上道心。是名下品中生者。

敷《ひら》くるときに当《あた》りて観世音《かんぜおん》・大勢至《だいせいし》、梵《ぼん》音声《のんじょう》をもつてかの人《ひと》を安慰《あんに》し、ために大《だい》乗《じょう》甚深《じんじん》の経典《きょうてん》を説《と》きたまふ。この法《ほう》を聞《き》きをはりて、時《とき》に応《おう》じてすなはち無上《むじょう》道心《どうしん》を発《おこ》す。これを下品中生《げぼんちゅうしょう》のものと名《な》づく」と。

6

第十六観（下品下生）

佛告阿難、及韋提希、下品下生者、或有衆生、作不善業、五逆十惡、具諸不善。如此愚人、以惡業故、應墮惡道、經歷多劫、受苦無窮。

如此愚人、臨命終時、遇善知識、種種安慰、爲説妙法、教令念佛。此人苦

【三十】佛《ぶつ》、阿難《あなん》および韋提希《いだいけ》に告《つ》げたまはく、「下品下生《げぼんげしょう》といふは、あるいは衆生《しゅじょう》ありて不善業《ふぜんごう》たる五逆《ごぎゃく》・十悪《じゅうあく》を作《つく》り、もろもろの不善《ふぜん》を具《ぐ》せん。かくのごときの愚人《ぐにん》、悪業《あくごう》をもつてのゆゑに悪道《あくどう》に堕《だ》し、多劫《たこう》を経歴《きょうりゃく》して苦《く》を受《う》くること窮《きわ》まりなかるべし。

かくのごときの愚人《ぐにん》、命終《いのちおわ》らんとするときに臨《のぞ》みて、善知識《ぜんぢしき》の種々《しゅじゅ》に安慰《あんに》して、ために妙法《みょうほう》を説《と》き、教《おし》へて念佛《ねんぶつ》せしむる

逼、不遑念佛。善友告言、汝若不能念者、應稱無量壽佛。如是至心、令聲不絶、具足十念、稱南無阿彌陀佛。稱佛名故、於念念中、除八十億劫、生死之罪。命終之時、見金蓮華、猶如日輪、住其人前。如一念頃、即得往生、極樂世界。

に遇《あ》はん。この人《ひと》、苦《く》に逼《せ》められて念佛《ねんぶつ》するに遑《いとま》あらず。善友《ぜんぬ》、告《つ》げていはく、〈なんぢもし念《ねん》ずるあたはずは、まさに無《む》量寿佛《りょうじゅぶつ》〔の名《みな》〕を称《しょう》すべし〉と。かくのごとく心《こころ》を至《いた》して、声《こえ》をして絶《た》えざらしめて、十念《じゅうねん》を具足《ぐそく》して南無阿弥陀佛《なもあみだぶつ》と称《しょう》せしむ。佛名《ぶつみょう》を称《しょう》するがゆゑに、念々《ねんねん》のなかにおいて八十億劫《はちじゅうおくこう》の生死《しょうじ》の罪《つみ》を除《のぞ》く。命終《いのちおわ》るとき金蓮華《こんれんげ》を見《み》るに、なほ日輪《にちりん》のごとくしてその人《ひと》の前《まえ》に住《じゅう》せん。一念《いちねん》のあひだのごとくにすなはち極楽世《ごくらくせ》界《かい》に往生《おうじょう》することを得《う》。

於蓮華中、滿十二大劫、蓮華方開。觀世音、大勢至、以大悲音聲、爲其廣説、諸法實相、除滅罪法。聞已歡喜、應時即發、菩提之心。是名下品下生者。是名下輩生想、名第十六觀。

蓮華《れんげ》のなかにして十二大劫《じゅうにだいこう》を満《み》てて、蓮華《れんげ》まさに開《ひら》く。観世音《かんぜおん》・大勢至《だいせいし》、大悲《だいひ》の音声《おんじょう》をもって、それがために広《ひろ》く諸法実相《しょほうじっそう》・罪《つみ》を除滅《じょめつ》するの法《ほう》を説《と》く。聞《き》きをはりて歓喜《かんぎ》し、時《とき》に応《おう》じてすなはち菩提《ぼだい》の心《しん》を発《おこ》さん。これを下品下生《げぼんげしょう》のものと名《な》づく。これを下輩生想《げはいしょうそう》と名《な》づけ、第《だい》十六《じゅうろく》の観《かん》と名《な》づく」と。

第一講

はじめに

みなさん、おはようございます。昨年七月から九ヶ月ぶりですね。軽い脳梗塞のため寒い時期は用心したほうがよいという医者の診断にしたがって四月にしていただきました。

今回は散善観の下輩観です。註釈版の聖典ですと、一一三頁の六行めからです。七祖篇ですと、四八七頁の十二行めからです。みなさんに差しあげました。「十一門」の表ですと七枚めを開いてください。

まぁ、今回は久しぶりですので前回の中品下生をすこしふりかえってみますと、中品下生の機類というのは『**もし善男子《ぜんなんし》・善女人《ぜんにょにん》ありて、父母《ぶも》に孝養《きょうしょう》し、世《よ》の仁慈《にんじ》を行《ぎょう》ぜん**』とする人びとでした。世間でいう道徳や倫理を自分の生きてゆくよりどころとしてゆこうとする人びとだったわけです。しかしながら、はたしてそれらの道徳的な生きかたができるのかどうかについては、経典は一言も云ってはいないのです。でも中・下と分類される人びとは、できる・できないはともかくとして、それらの徳目こそ自分の人生の規範とする人たちであります。善導さまがこれらの機類を評して「これ世善《せぜん》上福《じょうふく》の凡夫人《ぼんぶにん》なり（七祖四八六頁）」と申されている人びとです。

ところが、この人びととといわれる機類は、佛道を歩むものにとっては厄介な存在なのです。前回でもいいましたように「外道《げどう》の相善《しょうぜん》は菩薩の法を乱《みだ》る（七祖四七頁）」と申されるのです。「外道」というと世間一般には、悪道といって悪い意味にとられるが、佛教を「内道」というところから、佛教以外の教えや人生観を「外道」というのです。ところがその外道のなかにも「相善」といって佛教に相以した善がある、よく似た道があるのです。それを「外道《げどう》の相善《しょうぜん》」というのです。その「外道の相善」が、自利利他の道を歩む菩薩の道を乱すのです。

たとえば、ボランティアとか社会奉仕運動などあるでしょ。わが教団にもビハーラという組織的運動があります。これらは、本来その結果を一切期待しない、こんなにしてあげたのになんか思ってはならない、いや思いもしない運動でしょ。たとえ個人がやるにしても組織がやるにしてもですよ。ところが、やってもやっても限りがないし、ながくやっているあいだには優越心や名誉心の犠牲になってしまうということがあるのではないですか。それでも外から見れば立派に見える。それが菩薩の道を妨げるのです。いやぁ、菩薩の法だって、おなじです。はじめのうちはともかくとして、いつのまにか菩薩の法も外道の相善になってしまうのです。組織された運動になりますとなおさらのことです。

善導さまが申される「この品の人（中・下の機類）は、かつて佛法を見聞せず、また（佛法を）稀求《けぐ》することを解《さと》らず、ただみづから孝養（父母）を行ずることを明かす（七祖四八六頁）」といわれるのが「外道《げどう》の相善《しょうぜん》」なのです。佛法にのっとって父母に孝養をつくしていても、外道の相善におちこんでしまう危険にさらされるのですから、佛法に依処しない、いわゆる世間でいわれるヒューマニズムによる父母の孝養は、縁しだいで親も子もおたがいに怨恨《えんこん》や憎悪《ぞうお》のとりこになってしまうのではないでしょうか。

愛憎日日障子一枚へだて住む（安太郎）

という俳句もありました。

つまり世間から見れば「性調《しょうととの》おり柔善《にゅうぜん》にして自他を簡《えら》ばず、物《もの》（人々）の苦に遭《あ》へるを見て（は）慈敬《じきょう》を起す（七祖四八六頁）」といわれる人であっても佛縁に遇わないかぎり、人間の意識の奥には、人を下に見さげる優越欲望や憍慢《きょうまん》心《しん》を持つものであって優越感と劣等感のあいだをさまようものであります。

善導さまは、九品の人々をみな凡夫と申され、中・下の人々を「世善上福《せぜんじょうふく》の凡夫人《ぼんぶにん》なり（七祖四八六頁）」と申されています。いつも云いますように「ほっといたら何をするかわからん」存在、随縁的存在なのです。だから善導さまは「應知＝まさに知るべし」という二文字をもって、われわれに注意を喚起されているのです。

しかしながら、中品下生において善知識が、それらの人びとに、はじめて『**広《ひろ》く阿弥陀佛《あみだぶつ》の国土《こくど》の楽事《らくじ》を説《と》き、また法蔵比丘《ほうぞうびく》の四十八願《がん》を説《と》くに遇《あ》**（聖典一一二～一一三頁）』ったと申されているのですから、順序は逆になっていますものの、如来が浄土を建立された因果である大経の上巻が説かれ、その浄土に衆生が往生していく因果である大経の下巻が説かれたということは、上・上から中・中までよりも深い意味を持っているとも考えられるのです。ですから今から説かれます下輩観は佛陀釈尊の出世本懐が述べられるものと申してよい意義を持っているものと考えることができるのです。そのことは下輩観を学んでゆきまして下・下までまいりますと、いよいよ明確になってくるのであります。

『佛、阿難及び韋提希に告げたまわく』

まえおきが長くなりましたが、いよいよ下輩観（第十六観）に入ります。十一門の表をみていただきますと、第一門の「佛《ぶつ》の告命《ごうみょう》」、つまり**『（一）佛《ぶつ》、阿難《あなん》および韋提希《いだいけ》に告《つ》げたまわく』**という経文は、ふりかえってみますと、上・上と中・上にはありましたが、下輩観になりますと、この下品上生にも下品中生にも下品下生にも「佛の告命」が省略されずに冠されていることが、まず注目されるところです。

それについて思いますことは、阿難は佛陀の教説をみんなに伝達する役割を持っているのですから、その名をよばれたのは当然のことですが、韋提希の名を呼びだされたのは、阿闍世のためではなかったかと思うのです。もちろん散善《さんぜん》が説かれたのは、韋提希の請求によったものではないわけで、彼女は華座観《けざかん》においてすでに無生法忍《むしょうぼうにん》の信心を得て、さらに**『未来《みらい》の衆生《しゅじょう》まさにいかんしてか無《む》**

量寿佛《りょうじゅぶつ》および二菩薩《にぼさつ》を観《み》たてまつるべき（聖典九八頁）』とまで云っているのです。しかしながら、その衆生のなかでもわが子・阿闍世のことがもっとも気がかりであったことは、容易に人間の感情として実感できることであります。

それとともに、いまひとつ想いだしてほしいのは厭苦縁のところで彼女が佛陀にむかって『**世尊《せそん》、われむかし、なんの罪《つみ》ありてかこの悪子《あくし》を生《しょう》ずる。世尊《せそん》また、なんらの因縁《いんねん》ましましてか、提婆達多《だいばだった》とともに眷属《けんぞく》たる**（聖典九〇頁）』といった言葉です。この彼女の問に、佛陀は経文の上では何ひとつ答えていません。沈黙されたままです。この彼女の問が自分の子である阿闍世だけの問であったのなら佛陀は何とか言葉もあったかも知れません。しかしこの問の後半の『**世尊《せそん》また、なんの因縁《いんねん》ましましてか、提婆達多《だいばだった》とともに眷属《けんぞく》たる**』という問については、いかに佛陀といえども直截《ちょくさい》に答えることは不可能であったと思います。もちろん、韋提希と阿闍世は親子であり、佛陀と提婆達多はともに父親が兄弟であり、二人が従兄弟であったという血縁においては、ともに深い宿業によることであって、この二つの問に本質的にちがいはないのでありますからね。

そのことから考えますと、「定散二善はたれの致請《ちしょう》（懇望《こんもう》）による」のかという問に答えて「定善は韋提希の致請にして、散善の一門はこれ佛の自説なり（七祖三〇六頁）」と、善導さまは答えていらっしゃいますが、どうでしょうかね。

否定はしませんけれども、佛陀が韋提希に『**われいま、なんじがために広《ひろ》くもろもろの譬《たとえ》を説《と》き、また未来世《みらいせ》の一切凡夫《いっさいぼんぶ》の浄業《じょうごう》を修《しゅ》せんと欲《おも》わんものをして西方極楽国土《さいほうごくらくこくど》に生《しょう》ずることを得《え》しめん**（聖典九一～九二頁）』といわれる散善顕行《さんぜんけんぎょう》縁《えん》のことばも、彼女の『**世尊《せそん》、われいま佛力《ぶつりき》によるがゆゑに無量寿佛《むりょうじゅぶつ》および二《に》菩薩《ぼさつ》を観《み》たてまつることを得《え》たり。未来《みらい》の衆生《しゅじょう》まさにいかんしてか、無量寿佛《むりょうじゅぶつ》および二菩薩《にぼさつ》を観《み》たてまつるべき**（聖典九八頁）』といわれる華座観《けざかん》のことばも、未来世の衆生とは、彼女にとって一番に身近なものはわが子・阿闍世だったでしょうし、佛陀釈尊にとっては提婆達多だったにちがいありません。

曽我量深師は「韋提最後の問題は我子《わがこ》であった。釈尊より云へば最も憎きは提婆である。救済の最後の目的は最も憎き敵を最も愛するにあるのである（曽我量深選集、第十巻二六頁）」といわれています。

いまから学びます下輩観、ことに下品下生は「韋提の心中には阿闍世であり、釈尊の意中には提婆であったのである（同書二六頁）」との指摘は注目してよいところでありましょう。

重ねて申しますが、第一門の「佛の告命」が下輩観では三品とも阿難と韋提希を名ざしてあるのは、この経典が特にだれのために説かれたを暗示してあると思われるのです。

云いわすれていましたが、善導さまはこの下品上生を九段にわけて解説されていますので、それに従い、さらに「十一門」とも関係しながら学んでまいります。ですから『**佛**《ぶつ》**、阿難**《あなん》**および韋提希**《いだいけ》**に告**《つ》**げたまわく**』は第一段であり、十一門では「佛の告命」と申されるところであります。

佛の告命（軽罪とは）

第二段の経文は『（二）下品上生《げぼんじょうしょう》といふは』です。十一門では、善導さまが第二門で「その位《くらい》を弁定《べんじょう》す（七祖四八七頁）」と申されているように、この観経の散善を受けとる機類がどのような位置に属する位であるのかを定められるんですね。善導さまは、それを具体的に「即《すなは》ち是《こ》れ十悪《あく》を造《つく》る軽罪《きょうざい》の凡夫人《ぼんぶにん》なり（七祖四八八頁）」と云われるのです。

「十悪」とは、もはやいくたびか申しましたように①殺生《せっしょう》②偸盗《ちゅうとう》③邪淫《じゃいん》（以上、身業）④妄語⑤綺語《きご》⑥両舌《りょうぜつ》⑦悪口《あくく》（以上、口業）⑧貪欲《とんよく》⑨瞋恚《しんに》⑩愚痴《ぐち》（以上、意業）の十種類の悪です。

ここで問題になるのは、善導さまが下・上の人々を「十悪を造る軽罪の凡夫人」といわれる、その「軽罪」ということです。下・中では「十一門」の表を見ていただきますと、八枚めの第三門「破戒次罪《はかいしざい》の凡夫人《ぼんぶにん》」、九枚めの下・下では「具《つぶ》さに五逆等《ぎゃくとう》を造《つく》れる重罪《じゅうざい》の凡夫人《ぼんぶにん》」といわれています。

これをみますと「十悪」よりも「破戒」が、「破戒」よりも「五逆等」が重いという理屈になるわけです。

広瀬杲師は、この「一生《しょう》以来《いらい》の造悪《ぞうあく》の軽重《きょじゅう》の相《そう》を挙出《こすい》することを明《あ》かす」と解説される善導さまの文に注目されています。「一生以来の造悪」とは、生れてから死ぬまでのところでおこした罪、もっというなら、自分が知っている一生涯の罪だと。しかし、たしかに悪いことはしたが、それはそうせざるを得なかったという弁解が、かならずそこにつくのです」と申されています。

下・上の表を見ていただきますと、疏文の方ですが、その「一生以来の造悪の軽罪の相を挙出《こすい》（挙《あ》げて出《だ》す）することを明かす」と云われて、五項を挙げてあるでしょ。その③に「衆罪《しゅざい》（十悪）を作《つく》ると雖《いへ》ども諸《もろもろ》の大乗《だいじょう》において誹謗《ひぼう》を生《しょう》ぜざることを明《あ》かす」と。

意訳しますと、「たしかに十悪といわれる衆罪をつくると雖《いへ》ども方等《ほうどう》（大乗）

経典を非難したり謗《そし》ったりしたことはない」と善導さまは解説されてあります。

この善導さまの解説は経典とちがっているでしょ。経典のほうは、まず①造悪の衆生があって② 諸《もろもろ》の悪業《あくごう》を作るであろう。③ところで方等経典《ほうどうきょうてん》を誹謗《ひぼう》せずと雖ども④かくのごとき愚人《ぐにん》⑤多くの衆悪《しゅあつ》を造《つく》って慚愧《ざんぎ》（懺悔《ざんげ》）の心をおこすことはないと、なっています。つまり『雖《いへ》ども』の位置がちがっているのです。経文では③と④とのあいだに『雖《いへ》ども』が置いてあるのに、疏文のほうでは③の文中に置いてあります。「雖」は、文の中間にあって、前文を否定はしないが後文を強調する場合に使われる言葉です。つまり疏文では「衆罪を作る」という前文を否定はしないが、「諸の大乗において誹謗を生」じないという後文が強調されているわけです。ここに「一生以来の造悪《ぞうあく》の軽重《けいじゅう》の相《そう》を挙出《こすい》することを明かす」といわれるなかで、下・上の機類を「軽罪《きょうざい》の凡夫人《ぼんぶにん》なり」と善導さまがいわれる意味があるのでしょう。

十悪など一切犯したことはないとは云わないけれども佛法を非難するようなこ

とはしない。だから軽罪だというところには、しかし大きな落し穴があるのです。広瀬師の言葉を借りますと「救済の可能性への無意識的な肯定」が、そこにはあるわけです。

縁に遇えば、何をするかわからん凡夫であることに変りはないのだけれども、その凡夫であることの事実を軽罪、軽い罪として肯定していく意識の、もうひとつ深い無意識的意識のところで救済を予見しているのです。救われるはずだ、と。

『かくのごとき愚人』

そのように、軽罪だから救われるはずだと心の奥底で意識し予見している下・上の人びとにむかって、経言は『**かくのごとき愚人**《ぐにん》』と第四項で宣《の》べられるのです。疏文では「重《かさ》ねて造悪《ぞうあく》の人《ひと》を牒《てつ》（示し出して）して、智者《ちしゃ》の類《たぐい》にあらざることを明かす」と解説されるのです。

経文では『愚人《ぐにん》』といわれ、疏文では「智者《ちしゃ》の類《たぐい》にあらず」といわれます。佛陀のきびしいことばですね。それも「重ねて」申されるのです、汝は智者にあらずと。衆罪はたしかに作ってはいるけれども佛法を誹謗はしていないという、意識の底にひそんでいる自己肯定ですね。この心底にひそむ下・上の根性は、なかなかしつこい。何回『愚人《ぐにん》』といわれても頭を抬《もた》げてくることをやめようとしない。だから「重《かさ》ねて」です。「智者《ちしゃ》の類《たぐい》にあらず」と。

無慚無愧

つぎに第三段の第五項。「十一門」の表を見ていただきますと『**多《おお》く衆悪《しゅあく》を造《つく》りて慚愧《ざんぎ》あることなけん**』が経文。疏文は下段の「これらの愚人衆罪《ぐにんしゅざい》を造《つく》ると雖《いへ》ども、総《そう》じて愧心《きしん》を生《しょう》ぜざることを明《あ》かす」です。

この経文と疏文をあわせて読みますと、愚人というのは愚劣というより慚愧心

がないということです。親鸞さまの和讃には

無慚無愧《むざんむぎ》のこの身《み》にて
まことのこころはなけれども
弥陀《みだ》の回向《えこう》の御名《みな》なれば
功徳《くどく》は十方《じっぽう》にみちたまふ（聖典六一七頁）

人に恥じ、天に恥じる心もないと、ご自身の愚禿性を悲歎し述懐なさっている和讃です。

かつて亀井勝一郎は「学んでおのれの無学を知る。これを学ぶという」という意味のことばを残してくれました。「無慚無愧のこの身」とは、おのれの「無慚無愧」に頭がさがったときの表現です。だから「まことの心はない」と歎ぜられている。言いかえれば、「この親鸞こそ『愚人《ぐにん》』である」ことの表白です。慚心もなければ愧心もない、まさに『愚人《ぐにん》』であることの告白です。だが『愚人《ぐにん》』の自覚に於いて『愚人《ぐにん》』を超える。超えさせるものは「弥陀の回向の御名」なればこそであり、

その「功徳」は、われら『一切衆生《いっさいしゅじょう》の心想《しんそう》のうちに入《い》り給《たま》ふ（聖典一〇〇頁）』のです。

この「無慚無愧」のめざめこそが、慚愧の心を生ぜしめるのです。

耆婆が阿闍世王に云いますね。『善《よ》いかな善《よ》いかな、王罪《おうつみ》をなすといへども、心《こころ》に重愧《じゅうけ》を生《しょう》じて慚愧《ざんぎ》を懐《いだ》けり。大王《だいおう》、諸佛世尊《しょぶつせそん》つねにこの言《ごん》を説《と》きたまわく、二《ふた》つの白法《びゃくほう》あり、よく衆生《しゅじょう》を救《たす》く。一《ひと》つには慚《ざん》、二《ふた》つには愧《ぎ》なり。（略）慚《ざん》は人《にん》に羞《は》ず、愧《ぎ》は天《てん》に羞《は》ず。これを慚愧《ざんぎ》と名《な》づく。無慚無愧《むざんむぎ》は名《な》づけて人《にん》とせず。名《な》づけて畜生《ちくしょう》とす。（略）善《よ》きかな大王《だいおう》、つぶさに慚愧《ざんぎ》あり（聖典二七五頁　涅槃経）』と。

これは王舎城の悲劇の後日譚で、父の王を殺した罪に阿闍世王は苦しみ悩み、当時のインドでは代表的な人生の師である六人の行者（六師外道《ろくしげどう》といわれる）であり思想家でもある人々に自分の悩みをうちあけるのですが満足できず大臣・耆婆《ぎば》に阿闍世が問うた、それに対する耆婆の言葉です。だが耆婆のこの言葉は、伝持者として佛陀の言葉でもある。なぜなら耆婆は阿闍世にとって『善友《ぜんぬ》（七祖九三頁）』つまり善知識ですからね。

そこで阿闍世は、自らを省りみて云うのです。『伊蘭子《いらんし》（インドの伊蘭という植物で美しい花をつけるが悪臭を放つ樹木の種子）から伊蘭樹《いらんじゅ》が生ずるが、伊蘭《いらん》から栴檀樹《せんだんじゅ》（芳香をだす樹）が生《しょう》ずることはない。伊蘭子《いらんし》こそ、この阿闍世《あじゃせ》でありました。その伊蘭子《いらんし》から香《かお》りたかき栴檀樹《せんだんじゅ》が私《わたし》の心《こころ》に生《しょう》じたのです。生《しょう》ずるはずもない伊蘭子《いらんし》から栴檀樹《せんだんじゅ》が生《う》れたのです。これこそ無根《むこん》の信《しん》であります』（聖典二八六頁）と。

さらに続けて阿闍世は云います。

『世尊《せそん》、もしわれあきらかによく衆生《しゅじょう》の悪心《あくしん》を破壊《はえ》することを知《し》れり』と。もはや、われらにもはっきりしていますね。『世尊《せそん》もしわれあきらかによく衆生《しゅじょう》の悪心《あくしん》を破壊《はえ》せば、われつねに阿鼻地獄《あびじごく》にありて、無量劫《むりょうこう》のうちに、もろもろの衆生《しゅじょう》のために苦悩《くのう》を受《う》けしむとも、もって苦《く》とせず（聖典二八七頁）』とまで阿闍世は云いきるに至るのです。

『無根《むこん》の信《しん》』とは、他力回向の信心に他ならない。この信が下品上生の機類には欠けているのです。**『多《おお》く衆悪《しゅあく》を造《つく》りて慚愧《ざんぎ》あることなけん』**がそれです。善導さまが三心釈の深心釈で「決定《けつじょう》して自身《じしん》は現《げん》にこれ罪悪生死《ざいあくしょうじ》の凡夫《ぼんぶ》、曠劫《こうごう》よりこのかた、つねに没《もっ》しつねに流転《るてん》して出離《しゅつり》の縁《え》あることなしと深信《じんしん》す（聖典二一七～二一八頁）」が下品上生には欠落しているのです。「無有出離之縁」の自覚が不徹底なのです。**『方等経典《ほうどうきょうてん》を誹謗《ひぼう》せず』**といいますけれども、**『愚人《ぐにん》』**なるがゆえに、方等経典を無視しているのでしょう。無視も誹謗の類《たぐい》です。**『方等経典《ほうどうきょうてん》を誹謗《ひぼう》せず』**を云い訳にして自己の肯定を計《はか》っているのです。自己の救済を予知しているのです。善導さまは、この機類を「軽罪《きょうざい》の凡夫人《ぼんぶにん》」と申されているのですが、この「軽罪」の深さは、下・中の「破戒次罪《はかいしざい》」や下・下の「重罪」とその質においては、なんら変りはないと思います。ちがいは遇縁のちがいによるのみであります。

『悪　業』

下輩観になりますと、三品ともに『悪業《あくごう》』という言葉が共通して出てまいります。下・上では、『諸《もろもろ》の悪業《あくごう》を作《つく》らん』、下・中では『諸《もろもろ》の悪業《あくごう》をもって自《みづか》らを荘厳《しょうごん》す』、下・下では『悪業《あくごう》をもってのゆゑに悪道《あくどう》に堕《だ》し』といずれも第三段に出てきます。

悪業とは、なんだか深い感じですね。悪事とか悪行だったら日常の意識にものぼりますが、悪業というと長い歴史というか、まあ久遠劫来につみかさねてきた悪事、悪行をひきずってきた歴史を感じてしまいます。どうも業といえば、すぐに前世を感じるのです。

だから非業の死など云いますと前世の因縁による死ではなく、現世の災難によって死ぬことを意味します。七十歳・八十歳が平均的な寿命の時代にあって、二十・三十歳代くらいで死をむかえるような人を若死というわけです。非業の死です。非命《ひめい》も非業の概念に似た言葉です。定命《じょうみょう》とか天命を全《まっと》うせず意外の災

難にあって死ぬことで、横死とか変死を意味する言葉です。句友の俳句に、

冬椿非命の人の歩を辿る　　植田むつき

というのがありました。作者に聞きましたらイラクの戦争で命をおとした日本の二人の文官の死を想いながら作ったのだそうです。

非命とか、悪行・悪事とちがって、悪業とは、凡夫の長い歴史のあいだに意識にはのぼらない悪行・悪事でありましょう。

その事から申しますなら、九品は上輩も中輩も、凡夫であるかぎり悪業を作ってきたことにちがいはないのであります。たまたま大乗・小乗・世善に出遇ったが故に、上・中輩の六品の凡夫には悪業という経言が出てこなかったにすぎなかったのであります。善導さまが、九品のすべてに「凡夫」と名づけられたのには、そこまでの見通しがあってのことと思います。そうでなかったら善導さまが、あの三心釈の第二深心釈において「決定して現にこれ罪悪生死の凡夫」と人間を押さえ、「昿劫よりこのかたつねに没しつねに流転して、出離の縁あることなしと

深信す」と強く断言されるはずもないからであります。

『愚　人』

『④かくのごとき愚人《ぐにん》、⑤多《おお》くの衆悪《しゅあく》を造《つく》りて慚愧《ざんぎ》あることなけん』と、これが第三段の第四項と第五項の経文です。

『愚人《ぐにん》』とは経文で云われる言葉であって、われらが考えている愚人ではない、佛言です。観経の序分（定善示観縁・聖典九三頁）で、佛陀釈尊が韋提希を名ざして告げられますね。『汝《なんぢ》はこれ凡夫《ぼんぶ》なり』と。『愚人《ぐにん》』とは『凡夫《ぼんぶ》』のことです。そして善導さまは散善の九品をみんな『凡夫《ぼんぶ》』とおさえてある。われらは決して『愚人《ぐにん》』とも『凡夫《ぼんぶ》』とも思わないものです。善導さまは「重ねて～智者の類《たぐい》にあらず」と云われます。そう云われてみれば、たしかに智者とは云わないけれども、心から自分自身を『愚人《ぐにん》』とも『凡夫《ぼんぶ》』とも思わないものです。

八木重吉に次のような詩がありました。

あかつちの
くずれた土手をみれば
たくさんに
木のねっこがさがってた
いきをのんでとおった

『日本の詩・第17巻・六五頁』

もはや解説の必要もないですね。八木重吉は、「くずれた土手をみ」たとき、想像だにしなかった無数の「木のねっこがさがってた」ことを、はじめて知ったのです。もしも土手がくずれていなかったら思いもしなかった、おびただしい木のねっこがさがっていたのを見た。縦横無尽《じゅうおうむじん》にまつわり、がんじがらめにからみあっている木のねっこに、彼はわが身のどうにもならない『**愚人**《ぐにん》』そして『**凡夫**《ぼんぶ》』のすがたを見てしまったのです。だから「いきをのんでとおった」というのです。「くずれた土手をみて」なかったら、平気で通りすぎたにちがいありません。「土手のくずれ」に出会わねば、その複雑怪奇な木のねっこなど知るはずもなかったのです。たまたま「あかつちの　くずれた土手をみ」たというのが、佛陀釈尊のことば、佛言なのでしょうね。佛言のみが、わが身の**『愚人』『凡夫』**であることにめざめるのでして、佛言に頭をさげないかぎり、いかに**『多《おお》くの衆悪《しゅあく》を造《つく》りて（も）慚愧《ざんぎ》あることなけん』**なんです。善導さまは疏文の第五項で「これらの愚人衆罪《ぐにんしゅざい》を造《つく》ると雖《いへ》ども、総《そう》じて愧心《きしん》を生《しょう》ぜざる」と、ここにも「雖《いへ》ども」という言葉を、第三項につづいて二回も使って**『慚愧《ざんぎ》』**の心がないことの**『悪《あく》業《ごう》』**の深さを解説くださっているのです。

『命、終らんとするとき』

第四段の経文に移ります。

『①命終《いのちおわ》らんとするとき②善知識《ぜんぢしき》、③ために大乗十二部経《だいじょうじゅうにぶきょう》の首題名字《しゅだいみょうじ》を讃《さん》ずるに遇《あ》はん。④かくのごときの諸経《しょきょう》の名《な》を聞《き》くをもっての故《ゆゑ》に、千劫《せんごう》の極重《ごくじゅう》の悪業《あくごう》を除却《じょきゃく》す。⑤智者復教《ちしゃまたおし》へて、合掌《がっしょう》・叉手《しゃしゅ》して南無阿弥陀佛《なもあみだぶつ》と称《しょう》せしむ。⑥佛名《ぶつみょう》を称《しょう》するが故《ゆゑ》に、五十億劫《ごじゅうおくこう》の生死《しょうじ》の罪《つみ》を除《のぞ》く（聖典一一三頁）』です。「十一門」では七枚めの第七・第八門にあたるところです。経文は以上のとおりですが、疏文では、経文を六項にわかちて善導さまは解説され、さらに問答まで揚《あ》げてあります。

『大乗十二部経《だいじょうじゅうにぶきょう》』とは、多くの大乗経典を十二種に分類したもので、ここでは大乗佛教の経典のことと理解しておけばよいでしょう。『首題名字《しゅだいみょうじ》』とは経典の題名のこと。たとえば「妙法蓮華経（法華経）」とか「大方廣佛厳経（華厳経）」

とか、経典の名のことです。この段に、さきほど申しました『**悪業**《あくごう》』がでてきますね。その代表が第二段の疏文にある「十悪」です。

さて、この第四段の『**命終**《いのちおわ》**らんとするとき**』ですが、この経文は上・上を除いて他の八品には、みな『**命終**《いのちおわ》**らんとする時**《とき》』という経文があります。前回の中・下に学んだ時にも申しましたが、その時の『**命欲終時**《みょうよくじゅうじ》』は今日でいう臨終ではなくて危篤状況の時ではないか、まだいかほどかの今生での命があるのではないか、そうでなかったら『**善知識**《ぜんぢしき》**のそれがために広**《ひろ》**く阿弥陀佛**《あみだぶつ》**の国土**《こくど》**の楽事**《らくじ》**を説**《と》**き、また法蔵比丘**《ほうぞうびく》**の四十八願**《しじゅうはちがん》**を説**《と》**くに遇**《あ》**わん**（聖典一一二～一一三頁）』ということもできないのではないか。だから『**命欲終時**《みょうよくじゅじ》』は危篤状況のときであろうと申したことでした。今回の下・上でもそうであります。『**大乗十二部経**《だいじょうじゅうにぶきょう》**の首題名字**《しゅだいみょうじ》**を讃**《さん》**ずるに遇**《あ》』い、また『**諸経**《しょきょう》**の名**《な》**を聞**《き》』いたり『**智者**《ちしゃ》**また教**《おし》**へて、合掌叉手**《がっしょうしゃしゅ》**して南無阿弥陀佛**《なもあみだぶつ》**と称**《しょう》**せし**』めたりする余裕があったのですからね。善導さまも「十一門」を見ていただきますと「命延久《みょうえんひさ》しからざることを明《あ》かす」と申されて「声々、間《ひま》なし」とは申されていないことからも明きらかです。

まあこの命終《みょうじゅう》ということについて、なにかはっきりしないままに読んできたのですが、最近あらためて『愚禿鈔《ぐとくしょう》（上巻）聖典五〇九頁』の中の「本願《ほんがん》を信受《しんじゅ》するは前念命終《ぜんねんみょうじゅう》なり。即得往生《そくとくおうじょう》は後念即生《ごねんそくしょう》なり」のご文にふれたとき、はじめて命終という言葉が、私にとって想像的な観念ではなく、具体的な事柄として納得できたのです。

このご文を書かれたのは、親鸞さまが八十三歳、建長七年（一二五五年）八月二十七日のことです。もちろん一日で書かれたのではなく、いかほどかの月日を経て書きあげられたのであります。「如来の本願を信受したときが前念に命終したときであった、そして後念に即ち生れたのであった」と。そして前念と後念は一念であって時間的な経過はないのです。しかし順序次第に前後がある、命終が前で即生は後です。その逆はありえない。その命終が親鸞さまの何歳の時だったのか、はっきりしていています。『教行信証』の後序（あとがき）に「しかるに愚禿釈の（親）鸞、建仁辛酉《けんにんかのととり》の暦、雑行を棄てて本願に帰す（聖典四七二頁）」と、はっきり申されています。西暦一二〇一年、二十九歳のときです。前念に命終して後念に即生されたときです。「雑行を棄てて本願に帰」された内容とは「前念に命終して後念に即生した」ということです。前念に死んで後念に生れたと云ってもいいですね。二十九歳から八十三歳、五十四年前の信受の事件を回顧して、命終して即生したと。「往生極楽の道（歎異抄・聖典八三二頁）」が始ったと云っていいでしょう。だから親鸞さまには「命終」が二回あったことになる、二十九歳のときが第一回の命終で、それから「往生極楽の道」を歩む人生が始まった。言葉をかえていうなら、それからの親鸞さまの歩まれた道は、この娑婆を「浄土を顕《あら》わす方便化身土《ほうべんけしんど》」の道として歩まれたのです。その間六十一年です。弘長二年（一二六二年）十一月二十八日「午時《うまのとき》、頭北面西右脇に臥したまひて、ついに念佛の息たえをはりぬ」と曽孫の覚如は『本願寺聖人親鸞伝絵（一〇五九頁）』に記しております。これが第二回めの命終であります。第一回めの即生は「即ち正定聚の教に入る（「浄土論註＝曇鸞＝意）」であり、「即のとき必定に入る（「易行品＝竜樹＝意）」であり「必定の菩薩と名づくるなり＝竜樹＝意）」であり、第二回めの命終は成佛でありあります。「かの佛国《ぶっこく》は即《すなは》ちこれ畢竟成佛《ひっきょうじょうぶつ》の道路《どうろ》、無上《むじょう》の方便《ほうべん》なり＝曇鸞・七祖一四五頁）」であります。

あのころのこと

あつかましいことであり、十分ことばにもならないことでありますが、如来さまのご縁をいただいた私事を申してご参考にいたしたいと思います。

第一の佛縁は、なんと申しましても浄土真宗の寺に生れたことであります。住職の父が三十八歳で世を去ったとき、残された母は三十四歳。十人の子どもは、ほとんど父ゆずりの結核を病んだ体験を持っています。母ひとりコロコロと元気で、寺をきりまわし薬の調剤にはげんで走りまわっていました。私は小学校入学前小児結核で入学は一年おくれでした。父が亡くなったのは昭和十二年、日中戦争が中国全体にひろがった七月、夏休み前のことです。母の実家の祖母が十七歳の姉を筆頭に二歳の末の妹までの十人の世話をしてくれました。ご門徒の同情もあってだったのでしょう兄弟姉妹ばらばらにもならず暮すことができました。

朝晩のおつとめ、報恩講、彼岸、お盆、永代経などの寺の生活や行事のなかで育ったのですから、三男の私が僧侶の道を選んだのは至極当然のことでありました。途中、敗戦直後のこと、父親の書斎で河上肇《かわかみはじめ》の「貧乏物語」読んで戦争のからくりを知ったことから経済学に興味を持ちはじめたものの肺結核で高校生活は二年遅れてしまいました。戦後の食糧難時代でブラブラの生活、マルクスと親鸞が私の心の中で葛藤していました。そのころ新制中学が町村単位で創設され、懇望されて中学の英語の代用教員を半年ほどやりました。小康を得て高校三年にもどり昭和二十五年、大学は経済学を選びましたもののほとんど授業にはでず、友だちのノートを借りてガリ版ずりで百部ほど手刷りしまして、これはうまいアルバイトでした。また郷里の他の中学校から乞われて週三回ほど社会や国語などのアルバイトもやり、漠然と将来は中学か高校の教師でもしようかと考えていました。

高校時代は寺で日曜学校をやっていました。長兄は大学が京都でしたから、私の小学校の友人を中心に青年会を作り毎日曜日午前中の日校と夏期結集や人形劇など児童文化に興味を持ったのもそのころでした。

大学は近くに部屋を借りて、時間割をうまく組んで週に三日は郷里の寺の法務にあたり、日曜学校は青年たちにまかせて博多の生活、博多の親戚の寺（今日の私の寺ですが）の子供会の手伝いをしていました。食糧難の時代でしたし自炊は厄介でしたので、よく今の寺に行っては昼食はもとより夕食までいただけるのが魅力でした。大学二年のころのことです。

その寺は、もちろん戦災にあい広い墓地と本堂・庫裡《くり》の焼跡に、十二畳の本堂と六畳三間と台所のバラック建築、そこに住職を亡くした坊守と結核で寝たきりの長男と娘三人が暮していました。その娘が今の坊守です。

博多の大学と実家の寺と中学のアルバイト教師という三重の生活のなかで、兄は曽我量深師や金子大栄師・寺田正勝師などを講師にまねいて法要をつとめていました。殊に曽我量深師の説教は私の胸底にひびく強烈なものでした。大げさに申せば「浄土の真宗、ここにあり」という思いでした。亡き父の書斎で清沢満之に出会い、暁烏敏の「独立者の宣言」「更正の前後」などとの邂逅《かいこう》が続いたのは必然でありました。

ちょうどそのころ、博多の今の寺から入寺の話がありました。大谷派から本派への違和感は全くなく大学最終学年の直前入寺したのです。病気の義兄のことが気になりましたが、全快してくれたら自分が身を引けばいいと考えました。入寺しましたらいろいろな仕事が待っていました。都市計画による道路の新設により境内地《けいだいち》は二分され、土地は半減されること、墓地にも道路がかかり全面移転するか納骨堂にするか、何回もの総代会、門徒総会を経て納骨堂建設にかかりましたが、委任状を出してくださらない門徒が十数軒あり、説得の仕事が最初でした。

全員の委任状がでないまま墓地改葬にふみきったのです。その間、住職になるための教師資格を取得しなければならず福岡教区教務所に併設されていた福岡仏教学院に入学し一年後、住職になりました。二分された境内地の一方に幼稚園を計画し、その一年後、昭和二十九年四月に開園しました。その翌々年、納骨堂落成。それから広島・大阪・東京などの戦後に建立された寺院の見学と続き昭和三十八年、三階建ての本堂・庫裡が完成しました。大学を出てから、ちょうど十年がたっていました。義兄はその四年前に亡くなっていました。ふりかえってみれば、この十年間は戦災による寺の復興にかかわりはてた年月であったように思います。

もちろん、その間には本派の僧侶や住職たちとの交友もあり、毎月定例の有志の一泊研修も欠かさず参加しました。しかし、そこで知ったのは、あまりにも違う本派（西）と大谷派（東）との教学（神学）とのちがいでした。

師との出遇い

そのちがいは、どう表現したらいいのでしょうか。今はとりあえず「言葉」のちがいと申しておきたいと思います。「言《ごん》」のちがいです。おなじく親鸞さまを宗祖と仰ぎながら石山合戦（一五七〇～一五八〇年）のあと、四百数十年にわたる歴史は両派の教学を徐々に変貌させてゆき、殊に近代における清沢満之《きよざわまんし》の浩々洞《こうこうどう》に集う師友の出現は、両派のちがいを決定的なものとしたといって過言ではないと思います。

ところで、第二の佛縁は師との出遇いでした。寺院の戦災復興が一段落ついたころ、私の魂は乾き切っていました。寺院の建築を一応は果したものの、それは単なる箱を作ったにすぎなかったからです。

ちょうどそのころ、教団は聖人七百回法要を機に門信徒会運動を提唱し、全教区に相談員制度ができて私は福岡教区の相談員になりました。中央の先輩がたや三十一教区の相談員との交流もあり、昭和四十八年には聖人生誕八百回記念法要をひかえて、福岡教区では教区内の二十組《そ》に連続研修会を実施して門徒による運動推進員をつくる運動をはじめました。世間では靖国神社国家護持法案が衆議員議院で可決され、参議員議院で廃案となりましたし、教団からは特定政党に所属する僧侶が国会議員に立候補し、教団の組織をあげて支援することに反対するため福岡教区では教区の事務所（教務所）の三階から靖国反対と議員出馬反対の垂幕をさげて、その前でハンストをやるという事件もありました。でも心は寒々としていました。私が書きました昭和四十九年度の門信徒会運動の基本方針を文章化して全国寺院に配付されたあと、総局《そうきょく》（行政機関）や宗議会《しゅうぎかい》（立法機関）、はては勧学寮《かんがくりょう》（宗学における最高の諮問機関）で問題になり、配付された文書は回収されることになりました。勧学寮の結論は断章取義《だんしょうしゅぎ》（教行信証の文脈から離れて一部の語句を取りだして勝手に解釈すること）ということでした。当時、『菩薩戒経事件』といわれ毎日新聞が取りあげ、総局は総長を除いて総辞職するという事件でした。私を最後まで弁護してくださったのは山陰教区の朝枝実彬師と「中外日報（宗教新聞）」で弁護の論文を発表してくださった古田武彦師くらいだったと記憶しています。

勧学寮の回答文に対して、私は「中外日報」に反論や再質問を十数回にわたって書きましたが、それに対する再回答はないまま、全教区で勧学寮から派遣された人たちが僧侶をあつめては、私論を批判されていました。

そのころ京都の佛教関係の書店で、ふと眼についたのが百頁にも満たない講義録でした。その書の題名は『如来の教団』で信国淳《のぶくにじゅん》師のもの、帰りの新幹線のなかで読みおえて深い感動にひたっていました。現在でもこの講義録は『信国淳選集・第八巻・柏樹社刊』に収められていますから読むことができます。この講義録は歎異抄の第五条「親鸞は父母孝養のためとて、一返にても念佛申したること、いまだ候はず……」と第六条の「専修念佛のともがらの、わが弟子、ひとの弟子という相論の候ふらんこと、もってのほかの子細なり……」で始まるものですが、その内容はまさに『如来の教団』論の基礎を論じたものでありました。

それから数年間というもの、私は信国淳師こそ、わがたずねるべき善知識であると念じつづけたのでした。しかし、心ではそう決めましても、すぐにたずねることができるものではないのですね。大谷専修学院の院長をされていたのですから、会おうと思えばすぐにでも会うことができたはずですが、お顔も知らないのですから、それに会うのが怖《こわ》かったのです。

昭和五十四年四月、大谷派のある友人を介して、やっと会うことができました。なにひとつ私のことはたずねられず、四月から学院で聴講することを許してくださったのです。師の講義は「和讃」と「歎異抄」でした。

講義が終りましたあと、すぐ私は師のあとを追って院長室をたずねたことがありました。師の背中のカッターシャツは汗でべったり濡れ机に頭をふせた恰好で椅子にかけられていました。このことは、この観経講読の第一巻『群萌の一人』でもふれたと思いますが、身について質問したのです。無慚無愧のこの身にて…有名な悲《ひ》嘆《たん》述懐《じゅっかい》和讃《わさん》にある言葉です。

疲れきられた体で起ちあがられた師は、部屋の黒板を背にして「身」についての講義を私ひとりのために説いてくださいました。お顔に汗を流しながら黒板をつかっての、時間がどのくらいだったか、一時間もあったでしょうか、私も立ったまま聴きいりました。そして最後に「身について君といっしょに考えるテーマにしよう」と申されました。あのことは一生涯忘れられぬ事件でした。

重複しますので省略しますが、第一巻『群萌の一人』の一一〇頁あたりから読んでいただきたいと思います。浄土真宗の信心は、身土に立つ信心だということを云っています。

値遇

秋空の澄んだ美しさが
あまりにもまばゆくて
すきになれない日もありました
このごろやっとその広さが
私の心にもとどきます
空にむかって
オーイと呼んでみました
かつてはとても云えなかったのに
云えた自分におどろいています
たったこれだけのことに
五十年もかかるなんて

身のほど知らず
おわびのしようもなく
今日も秋空を見ています

そのころ作ったまずい詩です。

師はあくる年の二月にこの世を去られました。この詩を作りました第二学期の秋ごろは師の休講が続きました。晩秋、北九州市小倉の病院に師をたずねました。奥さまが付きそっていらっしゃいました。寝ていらした師はベッドに坐りなおして私を迎えてくださいました。そのとき師は北陸の福井だったのか富山だったか駅の名は忘れていましたが、

「その駅前に〝念佛うどん屋〟という食物屋があってね」という話をなさいました。突飛な話でしたので、ちょっと驚きました。奥さまが茶菓を運んでこられて師の話がとぎれますと、師は大事な話をしているところだからと奥さまにさが

るように云われました。三十分もお邪魔したでしょうか、師はお疲れになったご様子で横になられましたので、師の部屋を出たのですが、その「念佛うどん屋」のことが、心に残っています。なぜ、そんな話をなさったのか、それが師との今生の別れでした。

『如来の教団』という小冊子は、私にとって善知識に出遇えたチャンスを与えてくださった何よりも尊といものでした。善導さまは①命延《えんみょう》、久《ひさ》しからざることを明《あ》かす。②忽《たちま》ちに往生《おうじょう》の善知識《ぜんちしき》に遇《あ》うことを明《あ》かすと「十一門」のところで解説くださっていますが、私の場合「忽ちに」というわけではありません。『如来の教団』を読んでから、会いたいと思いながらも四・五年も遇えなかったのですから。

念ずれば花ひらく

坂村真民の詩でしたかね。値遇《ちぐう》とはそういうことでしょうね。いつぞやも申したことですが、値は必然、遇は遇然なんです。値は値段というように百円プラス百円は必ず二百円になる、これは動かない、如来が衆生に値うのは、三世を徹貫して必ず値う。遇は偶然、たまたまでしょ。予測を越えて、たまたま遇う、それが「忽《たちま》ちに往生《おうじょう》の善知識《ぜんぢしき》に遇《あ》うことを明《あ》かす」と善導さまが申された意味でしょう。忽然《こつねん》と遇うのです。そして値《あ》うべくして値《あ》うのです。

帰依三宝

次に経文では『**ために大乗十二部経《だいじょうじゅうにぶきょう》の首題名字《しゅだいみょうじ》を讃《さん》ずるに遇《あ》わん**』で、疏文では同じく③項の「善人《ぜんにん》、ために衆経《しゅきょう》を讃《さん》ずることを明《あ》かす」と云われています。『**大乗十二部経《だいじょうじゅうにぶきょう》の首題名字《しゅだいみょうじ》**』を善導さまは「衆経《しゅきょう》」と省略されてありますか。たとえば妙法蓮華経とか大方広佛華厳経とか佛説摩訶般若波羅密多心経とか大乗経典の経の名を讃嘆するのでしょう。もちろん浄土三部経でもいい、そして、その賛嘆しているのは善知識なのです。下・上の凡夫のために讃嘆しているのでなくて、讃嘆している善知識に下・上の凡夫が遇うのです。衆経ですね、経文では『**大乗十二部経《だいじょうじゅうにぶきょう》の首題名字《しゅだいみょうじ》を讃《さん》ずる（善知識《ぜんぢしき》）に遇《あ》わん**』というのです。その善知識の衆経を讃嘆している事実に遇うのです。

経言がまわりに伝わるのは、讃嘆をおいてあろうはずがないのです。理路整然とした教理によって伝わるのではないのです。哲学的思弁の深さで人の心を打つのでもありません。善知識の衆経の讃嘆において佛法は伝布されてゆく。だから讃嘆によって人はその経の魂にふれることができるのです。

第四項になりますと経文では『**かくのごときの諸経《しょきょう》の名《な》を聞《き》くをもっての故《ゆゑ》に、千劫《せんごう》の極重《ごくじゅう》の悪業《あくごう》を除却《じょきゃく》す**』といい、疏文では「すでに経《きょう》を聞《き》く功力《くりき》、罪《つみ》を除《のぞ》くこと千劫《せんごう》なることを明《あ》かす」と解説されるのですが、諸経の名を聞く功《く》力《りき》は、善知識の衆経《しゅきょう》の讃嘆《さんたん》によるものでありましょう。

そこで、当然のことですが経文の第四段の第五・第六項では『⑤**智者《ちしゃ》、復《また》、教《おし》へて、合掌《がっしょう》・叉手《しゃしゅ》して南無阿弥陀佛《なもあみだぶつ》と称《しょう》せしむ。⑥佛名《ぶつみょう》を称《しょう》するが故《ゆゑ》に、**

五十億劫《ごじゅうおくこう》の生死《しょうじ》の罪《つみ》を除《のぞ》く』とあり、疏文でも「⑤智者《ちしゃ》、教《きょう》を転《てん》じて、弥陀《みだ》の号《みな》を称念《しょうねん》せしむることを明《あ》かす。⑥弥陀《みだ》の名《な》を称《しょう》するをもっての故《ゆゑ》に、罪《つみ》を除《のぞ》くこと五百万劫《ごひゃくまんこう》なることを明《あ》かす」と解説されています。

いつぞやも申したのですが、「正信偈」がそうなっていますね。讃嘆の極まるところは佛名の讃嘆のほかにはありません。だから「正信偈」の冒頭は「帰命無量寿如来、南無不可思議光＝無量寿如来に帰命し、不可思議光に南無したてまつる」ではじまっています。

そして「法蔵菩薩因位時＝法蔵菩薩、因位の時…」以下　難中之難無過斯＝難中の難、斯《これ》に過ぎたるは無し」までが、法です。まぁ、経文で申せば『**大乗《だいじょう》十二部経《じゅうにぶきょう》の首題名字《しゅだいみょうじ》**』でしょうね。強引な解釈ですが大無量寿経も大乗十二部経ですからね。以下の「印度西天之論家＝印度・西天の論家…」以下、最後の「唯信斯高僧説＝唯《ただ》、斯《こ》の高僧の説を信ず可《べ》し」で終っているのです。高僧とはインド・中国・日本の七人の僧伽《さんが》の歴史です。佛・法は僧伽すなわち『**如是我聞《にょぜがもん》**』の

『我聞《がもん》』の歴史である僧によって成就するのです。善導さまは七人の中の五番めに名を挙げてあります。しかし七人にかぎったことではありません。七番めは法然さまでありますが、小生をして云わしむれば親鸞であり蓮如であり清沢満之であり、曽我量深であり信国淳の各師の御名を挙げたいと思います。逆にさかのぼれば観経のごとく『善知識《ぜんぢしき》』であり『十二部経《じゅうにぶきょう》の首題名字《しゅだいみょうじ》』であり『南無阿弥陀佛《なもあみだぶつ》』であります。正信偈の次第は佛法僧であり、観経では僧・法・佛であります。帰依三宝であることに変りはありません。ただ観無量寿経は「方便《ほうべん》・真実《しんじつ》の教《きょう》を顕彰《けんしょう》す（聖典三九二頁）」る教えであり、正信偈は「『大本《だいほん》（大経）』によるに、真実《しんじつ》・方便《ほうべん》の願《がん》を超発《ちょうほつ》す（同頁）」るによるが故に順序次第が逆になっているのでしょう。

極重の悪業と生死の罪

第四段の疏文では、善導によって問答が設けられています。（七祖四八九頁）。十一門の表では意味だけ採りました。問は罪を除くのに千劫と五十億劫の差別があるのは何故かというものです。佛法を受けとるのに前者には浮散の心が生ずる、それに対して後者は心が一（もっぱら）であって、浮散する心を摂《せつ》（おさめて）して、心を住《とど》むることができるからであると。疏文では「また教《おし》えて正念《しょうねん》に名《みな》を称《しょう》せむ。心重《しんおも》きによるがゆゑに、即《すなは》ちよく罪《つみ》を除《のぞ》くこと多劫《たこう》なり」と結んであります。「心重き」とは心が落ち着き統一される意味で、「正念」で思い出しますのは例の「二河譬《にがひ》」のなかで「また西《にし》の岸《きし》の上《うえ》に人《ひと》（阿弥陀佛）ありて喚《よ》ばひていはく〝汝《なんぢ》、一心正念《しんしょうねん》にして直《ただ》ちに来《き》たれ〟（七祖四六七頁）」の「正念」であります。

また前者は『**千劫《せんごう》の極重《ごくじゅう》の悪業《あくごう》を除却《じょきゃく》す**』に比較して、後者は『**五十億劫《ごじゅうおくこう》の生死《しょうじ》の罪《つみ》を除《のぞ》く**』と経言に申されるちがいです。『**極重《ごくじゅう》の悪業《あくごう》**』と『**生死《しょうじ》の罪《つみ》**』のちがいですね。前者には、まだどこかに自己の存在を弁解する残痕《ざんこん》が読みとれます。後者は現に存在することの罪です。身心の存在自体の罪、自己全体をあげての罪です。言訳ができない生死の罪です。八木重吉に、〝なにもすることもなく／悲しいこともなかったので／ひとりでにこにこしていた〟という意味の詩がありました。どこにあったか探しましたか見つかりませんので勘弁ねがいたいのですが、なにもしないでも、「にこにこしていた」のは身業ですし、意業ですから、やっぱり業は業なのでしょ。無関心で何もしないことは必ずしも悪とはいえないにしても、それもやはり行為とひとつであり生死の罪であることにちがいないと思います。ぼんやりしていることは、これこそが善だと思って動きまわることより罪は浅いかも知れませんが、比較の上での事であって生死の罪では同じことです。それになんかぼんやりとはむつかしいものです。

第五段にまいりますが、ちょっと休みましょうか。

第二講

教を転じてみ名を称す

第五段の経文は「十一門」の表を見てください。読みましょう。

『①爾時《そのとき》かの佛《ぶつ》、即《すなは》ち化佛《けぶつ》・化観世音《けかんぜおん》・化大勢至《けだいせいし》を遣《つか》わして行者《ぎょうじゃ》の前《まえ》に至《いた》らしめ、②〈化佛等《けぶっとう》の〉讃《ほ》めていはく、③〈善男子《ぜんなんし》、なんぢ佛名《ぶつみょう》を称《しょう》するが故《ゆゑ》に諸《もろもろ》の罪消滅《つみしょうめつ》す。我《わ》れ来《きた》りて汝《なんぢ》を迎《むか》ふ〉と。④この語《ご》をなし已《をは》りて、行者即《ぎょうじゃすなは》ち化佛《けぶつ》の光明《こうみょう》の、その室《しつ》に遍満《へんまん》せるを見《み》たてまつる。⑤見已《みをは》りて歓喜《かんぎ》して即便《すなは》ち命終《いのちおわ》る。⑥宝蓮華《ほうれんげ》に乗《じょう》じ、化佛《けぶつ》の後《しりえ》に隨《したが》いて宝池《ほうち》の中《なか》に生《しょう》ず』これが第五段です。

「十一門」では第九門でして「臨終《りんじゅう》の時聖来《ときしょうきた》りて迎接《こうしょう》したまふ不同《ちがい》と、去事《こじ》の遅疾《ちしつ》とを明《あ》かす（七祖四八八頁）」と釈されたところです。これを善導さまは⑥項にわけて説かれてあります。

第一項の『**爾時**《そのとき》』とは第四段の第一項『**命終**《いのちおわ》**らんとするとき**』に続く『**爾時**《そのとき》』です。第五段に入りましても、まだ『**命終**《いのちおわ》**らんとする時**《とき》』が続いているのです。実際に命が終るのは、いま第五段の第五項である『**見已**《みをは》**りて歓喜**《かんぎ》**して即便**《すなは》**ち命**《いのち》**終**《おわ》**る**』までは命があるのです。ですから、強《し》いて申しますとすれば、第四段は危篤状態のときであり、第五段に入ります『**爾時**《そのとき》』とは、危篤の状態から、いよいよ命が衰えて臨終の状態に入った時なのでありましょう。親鸞さま以前まで浄土門佛教は臨終を大事にしてきた教門です。

話が変るようですが、中島みゆきに『この空を飛べたなら』という詩があります。もうずいぶん昔のことで『中島みゆき全歌集＝朝日新聞社刊』では一九七八年作です。

空を飛ぼうなんて　悲しい話を
いつまで考えているのさ

あの人が突然　戻ったらなんて
いつまで考えているのさ

暗い土の上に　叩きつけられても
こりもせずに空を見ている
凍るような声で　別れを言われても
こりもせず信じてる　信じてる

ああ　人は　昔々　鳥だったかも知れないね
こんなにも　こんなにも　空が恋しい

まだ後が続くのですが、われら凡夫は生死の罪をかぎりなく造りながら「空を飛ぼうなんて悲しい話を、いつまでも考えている」存在なのでありましょう。まさに夢みる存在にちがいないのです。いくどとなく「暗い土の上に叩きつけられても、こりもせずに空を見ている」のです。理性の奥では老と病の不安をかかえながら、遂には死によって一切が流れつきてしまうことにおびえていながら、『**諸《もろもろ》の悪業《あくごう》を作《つく》**』り、『**多《おお》くの衆悪《しゅあく》を造《つく》りて慚愧《ざんぎ》あることな**』く、おのれをしっかと捧げ持っている大地を「暗い土」とののしりながら「こりもせず空を見ているのが凡夫なのでありましょう。

ところが、人生の三苦のうち、いよいよ行苦であるこの身の『**命終《いのちおわ》らんとする時《とき》**』、善知識が『**ために大乗《だいじょう》十二部経《じゅうにぶきょう》の首題名字《しゅだいみょうじ》を讃《さん》ずるに遇《あ》**』ったのです。それは、かつて出会った『**方等経典《ほうどうきょうてん》**』であったのですが、『**誹謗《ひぼう》はせずといえども**』愚人ゆえに耳を貸すこともなく『**多《おお》くの衆悪《しゅあく》を造《つく》りて慚愧《ざんぎ》**』することもなかったのが下・上の凡夫でありました。

ところが、その身の『**命終《いのちおわ》らんとするとき**』『**善知識《ぜんぢしき》**』、『**大乗《だいじょう》十二部経《じゅうにぶきょう》の首題名字《しゅだいみょうじ》を講《こう》ずるに遇《あ》**』い、さらに「智者は教（その経の首題名字）を転じて、弥陀の号《みな》を称念せしむること」となり、『**佛名《ぶつみょう》を称《しょう》するが故《ゆゑ》に**』『**千劫《せんごう》の極重《ごくじゅう》の悪業《あくごう》を除却《じょきゃく》す**』るばかりでなく『**五十億劫《ごじゅうおくこう》の生死《しょうじ》の罪《つみ》を除《のぞ》く**』ことにもなったのであります。

中島みゆきが言う「暗い土の上に叩きつけられても」とは、彼女の心が抱く幻想であって、その「暗い土の上」こそ彼女の身を、しっかと支えてくれる大地であったのであり、彼女が「こりもせず空を見ている」のは、おのれの身の分際を知らぬ、まさに得手勝手の心の迷妄であって、空は地上のあらゆるいのちあるものを育て、わけへだてなくはぐくんでやまぬものであります。

その空のもとにあって高浜虚子は次のような俳句を残しています。

　　初空や大悪人虚子の頭上に

と。このわれらの身は天と地をともに給わってのこの身であるのです。話が戻りますが第四段は、下・上の凡夫が、愚人なるが故に慚愧の心もなくて造ってきた『**極重《ごくじゅう》の悪業《あくごう》**』さらにはこの身が存在すること自体の『**生死《しょうじ》の罪《つみ》**』を如何にすれば除くことができるか、つまり除罪がテーマになっている一段です。

そこで注意したいのは経文の第五項の『**智者《ちしゃ》、復《また》、教《おし》えて**』とある文言を、善導さまが「智者、教を転じて」と解説されていることであります。この教とは『**大乗十二部経《だいじょうじゅうにぶきょう》の首題名字《しゅだいみょうじ》**』を善知識が讃嘆されているのに遇い、そのような『**諸経《しょきょう》の名《な》を聞《き》く**』というものです。『**復《また》**』を「転」といただかれたのは善導さまの己証《こしょう》であります。だから疏文で「除罪の千劫と五百万劫の差別の由縁いかん」という問答で除罪のちがいを明瞭にされたのです。

これで、経文の第五段の①②③④⑤項が、ほぼ領解できるのではないですか。

疏文も①②③④⑤項とて同じであります。

いや同じというより、疏文のほうが経文の第四段から第五段と続くところが、より必然的であり具体的ですね。

命、終るまで

さて、この第五段を疏文では十一門の第九門に位置づけられて、疏文では「終時《じゅうじ》の化衆《けしゅ》（化佛《けぶつ》・化観世音《けかんぜおん》・化大勢至《けだいせいし》）の来迎《らいこう》と、去事《こじ》（命終《みょうじゅう》）の遅疾《ちしつ》とを明かす（七祖四九〇頁）」といわれています。十一門の下・上の表を見てください。疏文も経文と同じように⑥項に分けて解説してあります。

経文の第①項は**『爾時《その》かの佛《ぶつ》、即《すなは》ち化佛《けぶつ》・化観世音《けかんぜおん》・化大勢至《けだいせいし》を遣《つか》わして行《ぎょう》者《じゃ》の前《まえ》に至《いた》らしめ』**ですが、疏文の第一項では「行者《ぎょうじゃ》まさしく名《みな》を称《しょう》する時《とき》、かの弥陀《みだ》即《すなは》ち化衆《けしゅ》を遣《つか》わして声《こえ》に応《おう》じて来現《らいげん》せしめたまふことを明《あ》かす」と云われています。これは第四段の「智者《ちしゃ》、教《きょう》を転《てん》じて、弥陀《みだ》の号《みな》を称念《しょうねん》しむることを明《あ》かす」からでてきた解説ですね。行者の称名に応答したまいて阿弥陀佛は化衆方を派遣され行者の前に至らしめたまうたのです。

化佛・化菩薩といいますと、なんだか位階の一段劣った佛・菩薩と考えられますが、そうではないでしょう。佛・菩薩が動きだした動態を化佛・化菩薩と云うのです。方便法身の尊形というでしょ。立ちあがった阿弥陀佛を南無阿弥陀佛というのです。『**往生空中《おうじょうくうちゅう》＝空中《くうちゅう》に住立《じゅうりゅう》したまふ**（聖典九八頁）』無量寿佛を南無阿弥陀佛と申すのです。法身《ほっしん》・報身《ほうじん》・応化身《おうげしん》という佛の三身というような佛の定義のところで言っているのではない、衆生のところまでやってきた三尊を化佛・化観世音・化大勢至というのです。

第②項で経文は『**〈化佛等《けぶっとう》の〉讃《ほ》めていわく**』と説かれていますが、讃嘆の内容は『**善男子《ぜんなんし》、なんぢ佛名《ぶつみょう》を称《しょう》するが故《ゆゑ》に諸《もろもろ》の罪消滅《つみしょうめつ》す。我《わ》れ来《きた》りて汝《なんぢ》を迎《むか》ふ**』といわれるように『**佛名《ぶつみょう》を称《しょう》するが故《ゆゑ》に**』なんです。疏文では第②項を見ていただきますと「化衆《けしゅ》すでに身現《みげん》じて即《すなは》ち同《おな》じく行人《ぎょうにん》を讃《さん》ず」のあと第③項では「所聞《しょもん》の化讃《けさん》（化佛《けぶつ》の讃嘆《さんたん》）、ただ称佛《しょうぶつ》（称名《しょうみょう》）の功《こう》を述《の》べて、〈われ来《きた》りて汝《なんぢ》を迎《むか》ふ〉とのたまひて聞経《もんきょう》の事《じ》を論《ろん》ぜざることを明《あ》かす」と、経文第四段の『**大乗十二部経《だいじょうじゅうにぶきょう》の名《みな》を聞《き》く**』ということを問題にしてはなく、「しかるに佛《ぶつ》の願意《がんい》に望《のぞ》むれば、ただ勧《すす》めて正念《しょうねん》に名《みな》を称《しょう》せしむ」るのが、浄土に往生することの「疾《と》きこと（はやいこと）、雑散《ぞうさん》の業《ごう》に同《おな》じからず」といって、暗に**『大乗《だいじょう》十二《じゅうに》部《ぶ》経《きょう》の首題名字《しゅだいみょうじ》』**を聞くことを批判されています。この観経のごとく広く如来の大願業力を讃嘆し南無阿弥陀佛と称名を勧むることこそが、まさに肝要にして最高の利益となるのであると強い調子で「応《まさ》に知《し》るべし」と断言してあります。まあ私言を加えるなら、このように長々と観経を解説しているのだが、要点を一言で述べるとするなら「この経のごとく広く歎じ称名を勧む」という一点なのだと善導さまは申されたのでありましょう。

第④項は**『この語《ご》を作《な》し已《をは》りて、行者《ぎょうじゃ》即《すなは》ち化佛《けぶつ》の光明《こうみょう》の、その室《しつ》に遍満《へんまん》せるを見《み》たてまつる』**と経文は云われます。**『この語《ご》』**とは「化衆《けしゅ》の告《つ》げ」です。「化衆の告げ」とは念佛をすすめ、称名念佛をなせということ。化衆の称名念佛が光のように行者の室に遍く満ちみちているを見るのです。第⑤項の経文は**『見已《みをは》りて歓喜《かんぎ》して即便《すなは》ち命終《いのちおわ》る』**と云われます。疏文では「既《すで》に光照《こうしょう》を蒙《こうむ》りて、報《ほう》命《みょう》尋《すなわ》ち終《おわ》る」と。まあ、これはこれで解説の必要もありますまいが、経文第四段の『命終《いのちおわ》らんとするとき』から疏文の「報命《ほうみょう》尋《すなわ》ち終《おわ》る」までに、以上のような状況が展開されるわけです。経文の『即便《すなは》ち』は疏文では「尋《すなわ》ち」になっています。尋は「ついで」とも読みます。『即ち』とちがって、いくらかの時間と順序次第がある「尋ち」「即便ち」です。「報命《ほうみょう》」とは宿業によって報《むく》いられたる命、業報の命です。業果の命といってもよいでしょう。経文の第⑥項『宝蓮《ほうれん》華《げ》に乗《じょう》じ、化佛《けぶつ》の後《しりえ》に随《したが》いて宝池《ほうち》の中《なか》に生《しょう》ず』で経文の第五段を終っています。この第四段と第五段は、下・上の人々の中心的課題であります。つまり、さきほども申しました『命終《いのちおわ》らんとする時《とき》』から『見已《みをは》りて歓喜《かんぎ》して命終《いのちおわ》る』まで、一貫していますのは「命終」までの経過であります。そして第五段の最後の第⑥項が、命終からの再生である阿弥陀佛の世に、生れるのであります。阿弥陀佛の極楽浄土に生れるというのです。観経だから、そう云うのであります。方便が前面にでた真実の教でありますから『に生れる』というのです。大経だったら阿弥陀佛の浄土を生きるというのであります。

利益を得る

経文『**七七日《しちしちにち》を経《へ》て蓮華《れんげ》乃《すなは》ち敷《ひら》く**』が第六段、十一門では第十門で「かしこに到《いた》りて華開《はなひら》くる遅疾《ちしつ》の不同《ふどう》を明《あ》かす（七祖四八八頁）」と解説されています。『**宝《ほう》池《ち》の中《なか》に生《しょう》ず**』といっても華に包まれて生れるのですから、その華が開くには七七日を必要とするのです。四十九日を経て、乃ち華が開くのです。この『**乃《すなは》ち**』は時間の経過があっての『**乃《すなは》ち**』であることはご承知のところですね。

そして経文の第七段は『**①華《はな》の敷《ひら》くる時《とき》に当《あた》りて、②大悲《だいひ》の観世音菩薩《かんぜおんぼさつ》及《およ》び大《だい》勢至《せいし》、③大光明《だいこうみょう》を放《はな》ちてその人《ひと》の前《まえ》に住《じゅう》して、ために甚深《じんじん》の十二部経《じゅうにぶきょう》を説《と》く。④聞《き》き已《をは》りて信解《しんげ》して、無上道心《むじょうどうしん》を発《おこ》す。⑤十小劫《じっしょうこう》を経《へ》て百法明門《ひゃっぽうみょうもん》を具《ぐ》し、初地《しょじ》に入《い》ることを得《う》**』であります。

疏文では「まさしく第《だい》十一門《もん》の中《なか》の、華開後《けかいご》の得益《とくやく》に（他の品と）異《こと》なることあることを明《あ》かす」と云われるところで、経文になぞらへて⑤項に分けて解説されております。

①観音等《かんのんとう》先《ま》づ神光《じんこう》を放《はな》つ。

②身《み》、行者《ぎょうじゃ》の宝華《ほうけ》の側《ほとり》に赴《おもむ》く。

③ために前生所聞《ぜんしょうしょもん》の教《きょう》を説《と》く。

④行者《ぎょうじゃ》、聞《き》き已《をは》りて領解《りょうげ》し発心《ほっしん》す。

⑤遠《とお》く多劫《たこう》を経《へ》て、百法《ひゃっぽう》の位《くらい》に証臨《しょうりん》す。

「百法の位」は欄外（七祖四九一頁）に、百法門の位。あらゆる法門を明瞭に通達した初地の位のこと。資糧位・加行位・通達位・究竟位と唯識でいわれる通達位のこと。究竟位が佛であるから、必定の菩薩、住正定聚の位を初地というのです。必定の菩薩とは、必ず佛に成ることが定った菩薩ですけれども、それは具体的に遂には自立と連帯を内に統一した如来となるのであってみな均一化された菩薩なのではないのです。浄土和讃（聖典五六三頁）には

一一のはなのなかよりは
三十六百千億の
光明てらしてほがらかに
いたらぬところはさらになし

浄土の蓮華には百千億のはなびらがあり、そのはなびらには青・白・黒・黄・朱・紫の色の光が相互に照らしあっているので、六六三十六で三十六百千億の光になる、それはまさに一即一切、一切即一の無碍の相好《そうごう》をあらわしていて、一一の光より三十六百千億の佛があらわれ、各々《それぞれ》に無量の衆生を佛の正道に安立《あんりゅう》せしめたもうのです（聖典四〇頁・意）。

必定の菩薩は必ず佛に成ることの定まった菩薩とは云っても各々が各々のところで菩薩の道を歩むわけで、そこには一人として、全く同じ菩薩はいない、それぞれが自体満足に安立している菩薩なのです。それが、疏文の第十一門の冒頭で申される「華開後《けかいご》の得益《とくやく》の異《こと》なることあることを明《あ》かす」です。そして、⑤項がのべられるのですが、第②項の「身」とは阿弥陀佛を指しています。第③項の「前生所聞《ぜんしょうしょもん》の教《きょう》」とは生前に聞いた『**大乗《だいじょう》十二《じゅうに》部《ぶ》経《もん》の首題名字《しゅだいみょうじ》**』ですね。その教を善導さまは「智者教《ちしゃきょう》を転《てん》じて、弥陀《みだ》の号《みな》を称念《しょうねん》せしむることを明《あ》かす」と解説されて、経文は第四段から第七段まで経過してきて、「華開後《けかいご》の得益《とくやく》」を述べられるところで、極端に申せば転じられてきた「前生所聞《ぜんしょうしょもん》の教《きょう》」を説かれるわけです。なぜ、今になって再度「前生所聞の教」を説かれるのか、もはや念佛を称する身となって、それは不必要ではないかという疑問が当然でてきますよね。

そんなとき、ふと思いついたのは清沢満之師の三部経でした。阿含経と歎異抄とエピクテタス語録、これを師はわが三部経と申されたのです。曽我量深師は唯識（経ではなく論です）、金子大栄師は華厳経を学ばれています。安田理深師も晩年講じてあったのは唯識三十頌でした。念佛の世界がひらけてくれば、『**大乗《だいじょう》十二《じゅうに》部経《ぶきょう》の首題名字《しゅだいみょうじ》**』ばかりでなく『**甚深《じんじん》の十二部経《じゅうにぶきょう》**』、はては外典といわれるエピクテタス語録にまで、それらが説かれた意義を領知していけるのでしょう。

第四項は経文も疏文も意味は同じですね。何を『**信解《しんげ》して無上道心《むじょうどうしん》を発《お》**』こしたのか、それは佛陀がどうして『**大乗十二部経《だいじょうじゅうにぶきょう》**』さらにその『**首題名字《しゅだいみょうじ》**』を説かれたのかが領知できたから、浄土において『**無上道心《むじょうどうしん》を発《おこ》す**』るのです。疏文では「聞《き》き已《をは》りて領解《りょうげ》し発心《ほっしん》す」と云われています。

第五項『**十小劫《じっしょうこう》を経《へ》て百法明門《ひゃっぽうみょうもん》を具《ぐ》し、初地《しょじ》に入《い》ることを得《う》**』については述べたばかりですね。初地とは菩薩が道を求めて佛に成って行くその道程を五十二位に分け、その中の十地の第一の位階をいう。別名に歓喜地といわれます。観無量寿経に顕われている『**初地《しょじ》**』は命終後のこととされていますが、親鸞さまはこの位階を現生に獲得できる利益とされたことは、もはや申すまでもないことですね。

帰依三法

これで第七段を終り、第八段は『**これを下品上生**《げぼんじょうしょう》**のものと名**《な》**づく**』と総結といわれますね。「総じて結ぶ」です。

ところが、まだあるのです。下・上は経文も疏文も長いので、経文は省略してはいませんが、最後のほうは詰《つ》めて書いています。疏文では省略できると思われるところは省略したり意味だけのべているところがあります。

第九段の経文は『**佛**《ぶつみょう》**名・法**《ほうみょう》**名を聞**《き》**き、および僧**《そうみょう》**名を聞**《き》**くことを得**《う》**。三宝**《さんぽう》**の名**《みな》**を聞**《き》**きて、即**《すなは》**ち往**《おうじょう》**生を得**《う》』とあります。

つまり佛・法・僧。三宝の名を聞くことを得て往生極楽の道は成佛として円成するというわけです。このことについては観経を共に学ぶなかで、たびたび申してきたことであります。前講でも正信偈が帰依佛・法・僧の次第を通ってきていることにふれました。

帰依佛・法・僧につきましては、この講読の第二巻『昔日の因縁』の証信序（同十五頁）あたりから、ずっと七十三頁あたりまでを費して申しのべていますので、再読ねがいたいのですが、証信序というのは観経の序分でございます。善導さまは観経の序分を二つに分けて証信序と発起序とされていましたね。

証信序は経文でいいますと『**如是我聞《にょぜがもん》＝是《かく》の如《ごと》く我《わ》れ聞《き》きたてまつりき**（聖典八十七頁）』だけ、漢字ではたった四文字です。

この『**如是我聞《にょぜがもん》**』について善導さまは種々と解説されています。「〈如是《にょぜ》〉の二字《じ》は即《すなは》ち総《そう》じて教主《きょうしゅ》（釈尊）を標《ひょう》す。能説《のうせつ》の人《にん》なり。〈我聞《がもん》〉の両字《りょうじ》は即《すなは》ち別《べつ》して阿難《あなん》を指《さ》す。能聴《のうちょう》の人《にん》なり。故《ゆゑ》に〈如是我聞《にょぜがもん》〉といふ」と善導さまは言いながら「また〈如是《にょぜ》〉といふは即《すなは》ち法《ほう》を指《さ》す。定散両門《じょうさんりょうもん》なり（七祖三三六頁）」と申されています。『**如是《にょぜ》**』とは普通「法」といわれてきたのですが、善導さまは「法」といわれ「佛（教主）」とも申されているのです。「法」は佛のさとりの内容ですが、その法は佛の内に篭るばかりでなく、つねにさとりの全体が佛の行住坐臥《ぎょうじゅうざが》にあらわれるものであります。身口意の三業そのものが法であり佛なのでありま す。そしてその法は佛に出遇った僧によって歴史となるのです。歴史にならぬような法は法の名に値いしないものでしょう。『我聞《がもん》』によって佛・法の真実は証明されるのです。伝持されるのです。『我聞《がもん》』は経典では阿難でありますが、阿難にかぎったものではない、佛・法に出遇った人々によって伝持されてゆくのです。それを僧といい僧伽《サンガ》というのです。だから『如是我聞《にょぜがもん》』を証信序と善導さまは科文されたのです。法を「信」ずる者によって「佛・法」の真実なることが「証」される「序」だと。証明されていく序分だといわれるのでしょう。

これで下品上生を終ったことに致しまして次の下品中生に移ってまいります。

下品中生

「十一門」の八枚目を開いてください。聖典では一一四頁になります。

『(一) 佛《ぶつ》、阿難《あなん》および韋提希《いだいけ》に告《つ》げたまはく』 これが善導さまの科文では第一段になります。この佛の告命である経文は、もはや申しましたように上・中、上・下、中・中、中・下にはない、つまり上輩には上・上、中輩には中・上だけにしかなかったものであります。しかしながら下輩になりますと上、中、下すべてに佛の阿難と韋提希への告命があるのは、前講でも申しました、われら凡夫の意識には佛告なしには絶対にのぼることのない『悪業《あくごう》』があること、その故にこの佛の告命があるのだと思はざるを得ません。

この悪業は、自己反省とか自己批判というくらいのことで、「わかった」というようなものではない、その自覚は佛の告命のほかにはめざめようのないものであるからこそ下輩には三品ともに**『佛《ぶつ》、阿難《あなん》および韋提希《いだいけ》に告《つ》げたまはく』**が経言として付けられているのでしょう。

『(二) 下品中生《げぼんちゅうしょう》といふは』 これが善導さまの第二段の経文です。疏文では、

「その（下品、中生という）位《くらい》を弁定《べんじょう》することを明《あ》かす。即《すなは》ちこれ破戒次罪《はかいしざい》の凡夫人《ぼんぶにん》なり」といわれています。

ちなみに、すでに学びました下・上の位は「十悪《じゅうあく》を造《つく》る軽罪《きょうざい》の凡夫《ぼんぶ》」でしたし、まだ学んでいません下・下の位は「具《つぶ》さに五逆等《ごぎゃくとう》を造《つく》れる重罪《じゅうざい》の凡夫《ぼんぶ》」と善導さまは弁定《べんじょう》されています。まぁ、この三品は軽罪《きょうざい》と次罪《しざい》と重罪《じゅうざい》と、罪を軽・次・重に分けて弁じ定められているわけです。

いろいろと、この下輩それぞれの罪業のちがいを考えてみるのですが、まず定善はもちろんのこと散善になりましても上輩・中輩観までは私自身から遠い教としてあったのです。極端に申せば私の身の自覚の問題にはならなかったのです。善導さまは九品すべてに「凡夫」と名づけられてはいますものの上輩の三品は「大乗の上善を修学する」縁に遇い、「大乗次善」の縁に遇い、「大乗下善」の縁に遇った人びとです。さらに中輩の三品は、「小乗根性の上善」の縁に遇い、「小乗下善」の縁に遇い、「世善上福」の縁に遇った人びとと弁定されていました。「十一門」

の表の上輩と中輩の第二門を見ていただけば、よくわかりますね。

上輩・中輩にくらべて、下輩には『悪業《あくごう》』という経言がでてくることからして、善導さまの申される「自身は現にこれ罪悪生死の凡夫、曠劫よりこのかた常に没し常に流転して出離の縁あることなしと深信す（七祖四五七頁）」を学びましたわれらには、より身近かに宗教的自覚として訴えてくるものがあります。

さらに加えて、善導さまは『**下品中生**《げぼんちゅうしょう》』の機類をおさえて「即《すなは》ちこれ破戒《はかい》次罪《しざい》の凡夫人《ぼんぶにん》なり」と弁定されているのです。五戒とか八戒斎とか具足戒とか、いろいろありますが、これらの戒については中輩観で学んだところです。もっとも基本的なのは五戒であります。

五戒といえば不殺生、不偸盗、不邪淫、不妄語、不飲酒ですね。これをすら破っている機類に属するのが下・中の人びとなのです。

第三段にまいりましょう。第三段は七項にわけて善導さまは解説されていますので、それによってまいります。

衆生の意に添ひつつ

『**①あるいは衆生《しゅじょう》ありて**』とまずありますが、どんな衆生なのかというと、下・中の行者が行ずることを堪《た》えることができるか、できないかを区別する、つまり「機《き》の堪《かん》と不堪《ふかん》とを簡《えら》ぶこと」と、その結果「苦楽の二法を受ける不同《ちがい》」を明かしたのが第三段です。

大体「機《き》の堪《かん》と不堪《ふかん》とを簡《えら》ぶ」というのは、つまり、その教法を受けとる側の機が同じではないことを課題としたところに三輩九品というちがいを見出した、その点では他に類を見ない経典だと思います。法華経など法に二乗三乗の差別がなく一乗を説くのが中心であって機根のちがいは必ずしも明確ではないようです。『**あるい（或）は衆生《しゅじょう》ありて**』というこの第三段第一項の経言は、まさに法を受ける機のちがいを指す言葉です。この経言は下輩三品に共通しているものであって、中輩三品の『**もし（若）衆生《しゅじょう》ありて**』とか『**もし（若）善男子善女人《ぜんなんしぜんにょにん》ありて**』も、下輩三品と同じでしょう。九種類の衆生の機根によって佛陀釈尊は衆生の意の如く（如意）法を説き、佛の意の如く衆生を覚醒させてゆく、まさに定善第十三観の雑想観での『**神通如意《じんつうにょい》**』の教えがこの第三段には遺憾なく発揮されているのですね。

もはや定善第九真身観で『**一々《いちいち》の光明《こうみょう》は、遍《あま》ねく十方《じっぽう》世界《せかい》を照《て》らし、念佛《ねんぶつ》の衆生《しゅじょう》を摂取《せっしゅ》して捨《す》てたまはず**（聖典一〇二頁）』のところで学びましたように、あそこは『**照《て》らして**』と後の文『**念佛《ねんぶつ》の衆生《しゅじょう》……**』に続くのではなくて、一度切らねばならぬところです。親鸞さまはそう読んでおられるのでした。

金子大榮師の言葉を借りれば、この経文の前半の『**一々《いちいち》の光明《こうみょう》は、遍《あま》ねく十《じっ》方《ぽう》世《せ》界《かい》を照《て》らす**』が「普遍の法」であり『**念佛《ねんぶつ》の衆生《しゅじょう》…**』の後半は「特殊の機」でしょ。

だから、『**念佛《ねんぶつ》の衆生《しゅじょう》**』とは機を彰わしている。覚醒を彰しているのです。親鸞さまが申される「浄業《じょうごう》（の）機《き》彰《あらわ》れて、釈迦《しゃか》（は）韋提《いだい》（希）をして安養《あんにょう》を選《えら》ばしめたまへり（聖典一三二頁）」とは、もっと具体的に云うなら韋提希が念佛の衆生になったということです。「普遍の法」とは宿業の法であり、「特殊の機」とは宿業の機ですね。

ちなみに『正信偈』の「極重の悪人は唯《ただ》佛を称すべし／我亦彼《またか》の摂取の中に在れども／煩悩、眼《まなこ》を障《さ》へて見《み》たてまつら不《ず》と雖《いへ》ども／大悲、倦《ものう》きこと無《な》くして常に我を照らしたまふ（聖典二〇七頁）」の詩は、佛身の光を浴びながらも煩悩のためにその光を見なかったものが、倦《あ》くことなく常に我が身を照らしたもう宿善に、極重の悪人も漸く目覚めて佛のみ名を称えたものが佛身光の中にこもる佛心光を見ることができた歓喜を詩《うた》ったものです。出処は『往生要集・巻下（七祖一〇九八頁）』に源信さまが観無量寿経の大意を釈して「極重《ごくじゅう》の悪人《あくにん》は、他《た》の方便《ほうべん》なし。ただ佛《ぶつ》を称念《しょうねん》して極楽《ごくらく》に生《しょう》ずることを得《う》」と「光明《こうみょう》遍《あまね》く十方世界《じっぽうせかい》の念佛《ねんぶつ》の衆生《しゅじょう》を照《て》らして、摂取《せっしゅ》して捨《す》てたまはず」に依って作られたものです。

話がずれていますので、第三段の疏文では第一項に「総《そう》じて造悪《ぞうあく》の機《き》を挙《あ》ぐることを明《あ》かす」となっていますことは下輩の上・中・下を通して「造悪《ぞうあく》の機《き》」であります。上輩・中輩の六品は、それぞれ条件は違っていましても「善」を修する凡夫だったわけです。

諸戒の毀犯

第三段の第二項に移りますが、経文では『**五戒《ごかい》・八戒《はっかい》および具足戒《ぐそくかい》を毀犯《きぼん》せん**』です。疏文では「②多《おお》くの諸戒《しょかい》を犯《おか》すことを明《あ》かす」と解説されています。これら諸戒については中品上生または中品中生のところで学びましたので省略してもよいでしょうね。これらの諸戒を毀犯《きぼん》する人びとです。

ただ、散善顕行縁で『**父母《ぶも》に孝養《きょうよう》する**（聖典九二頁）』ことを説かれるのに、善導さまは疏文で父母になぜ孝養をつくすのかを両重因縁《りょうじゅういんねん》で随分と詳しく解説されたあと、善導さまは三つの例をあげて「父母《ぶも》の恩深《おんふか》くしてきはめて重《おも》し」と七祖篇の三八二頁から三八四頁にわたって説かれているのです。これは、この観無量寿経講読の第八巻『父母の孝養』で、ほぼ全巻にわたって説いておりますので読んでください。

つまり『**孝養父母《きょうようぶも》**』という経言は単なる道徳、倫理の徳目を越えて、善導さまの疏文によって宗教の基盤にまで根をはることができたと申せます。五戒・八戒も具足戒も、それらを受持する根元には両重因縁という生命の誕生までを課題としてこそ宗教的意味を持つのです。

ふりかえれば、中・下では『**孝養父母《きょうようぶも》**』が説かれたにもかかわらず、下・中になると諸戒を毀犯《きぼん》することは、人間として生れた意義を領解しないからなのです。『**孝養父母**』は、大事な宗教的意味を持つものであるのがよく理解できます。『**孝養父母**』というと、子が親に孝養をつくすことですが、親もまた親の子でもあるのであり、中・下の『**父母《ぶも》に孝養《きょうよう》し、世《よ》の仁慈《じんじ》を行《ぎょう》ぜん**』というのは「世善」

と考えられますけれども、この下・中の『五戒《ごかい》』の不殺生戒ひとつ取り上げても、かつて頻婆娑羅《びんばしゃら》王が後継ぎの子がほしくて、仙人を殺して阿闍世《あじゃせ》が生れたのですから、阿闍世にしてみれば親をうらむのは当りまへであって、『孝養父母《きょうようぶも》』ひとつとりあげても、それがもつ本質は単なる道徳や倫理を越えた、すぐれて宗教問題なのでしょう。

僧物の偸盗

経文の第三段の第三項〜第七項へ進みましょう。『③かくのごときの愚人《ぐにん》は、僧祇物《そうぎもつ》を偸《ぬす》み、現前僧物《げんぜんそうもつ》を盗《ぬす》み、④不浄説法《ふじょうせっぽう》して、⑤慚愧《ざんぎ》あることなく、⑥諸《もろもろ》の悪業《あくごう》をもって自《みづか》ら荘厳《しょうごん》す。⑦かくのごときの罪人《ざいにん》は悪業《あくごう》をもってのゆゑに地獄《じごく》に堕《だ》すべし。（聖典一一四頁）』です。

まず第三項ですが、疏文では「僧物《そうもつ》を偸盗《ちゅうとう》することを明《あ》かす」です。十一門の表を参考にしてください。『**僧祇物**《そうぎもつ》』とは僧伽の不動産であり『**現前僧物**《げんぜんそうもつ》』とは僧伽に集う人々の私有物です。ぐっと現実のところで押えるなら、『**僧祇物**《そうぎもつ》』とは、現在の宗教法人法でいわれる宗教法人の所有になる財産のことです。法物、本堂、庫裡《くり》、土地など財産目録に記載してある物品と、葬儀・法事・賽銭にいたるまでの金品です。『**現前僧物**《げんぜんそうもつ》』とは、わが教団に即していうなら責任役員会で決議され総代会で諮問承認された住職・防守・衆徒の給与等の金品と、それによって得た土地・建物・物品です。南方佛教諸国では僧の『**現前僧物**《げんぜんそうもつ》』は歯ブラシ等、日常に使うごく身近かの物だけが私物だと聞いたことがあります。

私の寺では

話がそれますが、私が今の寺に入って、住職（Function）になったのは、一九五三年の春でした。住職になるとき誓った三つの目標がありました。一つは事業の公開。二つには会計の公開。三つには人事の公開です。

　事業の公開については、戦災に会いましてから間もなく前住職が逝き、後継の義兄は結核で入院中、寺には現防守とその母の二人で、見かねた総代等が門徒に維持会設立を文書で依頼し年会費一口二百円（一口以上）で募金し、毎月の生活費として五千円をいただいていました。私が住職になりましてからは維持会を廃止して門信徒会と名称をあらためてもらい、生活費も廃止しまして本山（西本願寺）への納金はじめ宗教法人にかかわる費用にあてることにしました。門徒の組織団体としてありましたのは婦人会と総代会で、事業としては報恩講と永代経法要でした。都市計画で当時約千坪ありました境内と墓地は半減しましたので墓地を改葬して納骨堂とし、道路の新設により二分された一方の土地に幼稚園を開設したのが五十四年（昭和二十九年）です。「光円寺通信（年六回）」を発刊しはじめましたのが五十七年（昭和三十二年）、そのころから門徒総会を始めて事業の公開に踏みきったのでした。当時、寺とはいってもバラック建ての十二畳の本堂と六畳三間、それに台所がある程度でしたので幼稚園のホールを会場にして、議題といえば本堂・庫裡の建設が主たるものでした。全国各地の寺院の見学で大体の構想をたて、ある年などでは門徒総会を三回開催しました。第一回で欠席された方には第二回の案内、それでも欠席された方には第三回の案内を出し原案を承認していただきまして、鉄筋三階建ての本堂・庫裡が竣工しましたのが六十三年（昭和三十八年）でした。その間、義兄の逝去と二人の男子の誕生がありましたが、事業は総代会の審議を経て門徒総会（年一回）で決定して履行する、「光円寺通信」で周知徹底することにしています。

その間、新しい事業として始めましたのが日曜学校・青年会・壮年会・樹心会・働らく人のための夜の法座。行事としては春と秋の彼岸法要、花まつり（佛陀釈尊降誕会）、元旦会、除夜会、初参式、結婚式等であります。

文書伝道としては、さきの「光円寺通信」のほかに月刊誌「むれ」百号で廃刊、随時の「道」現在79号・18頁を寺のロビーに置いております。全門徒への本願寺新報配付。

　忘れていましたが、他に「夏休み一泊子供の集い」と毎月二回の練習をしています光円寺混声合唱団があり、今年で13回になる「ジャス・イン・テンプル（現住職主催）」に賛助出演しています。

　二番は会計の公開です。入寺しまして二十年ほどは、門信徒会の会計決算を監査役に監査していただき、次年度の予算案を作成、五月の門徒総会で監査から決算報告の上、総会で承認。さらに議長から次年度の予算案を上程、審議の上、承認。六月になって光円寺通信で全門徒に決算と予算の報告、門徒会費の納入をお願いしております。現在、門徒会計は一世帯、年会費一口《ひとくち》千円（一口以上）としております。

　しかし、これだけでは会計の公開には不充分ですので、葬式・年会法要・永代経法要と報恩講・春秋彼岸法要・お盆法要・除夜会と元旦会等にいただくご佛前、さらに参詣

なさる折の賽銭等を含めて寺の全収入の公開を総代会の議題にあげました。総代会は原則として毎月開催していますので何回となく議題にしましたが承認に至りませず、報恩講と永代経の法要を門徒主催ということで門信徒会計に入れまして、全門徒に公開することにとどめ、葬儀、法事や行事等の収入と支出は総代会までにとどめることになりました。もちろん施主の氏名は一切非公開で、それぞれ総額のみを公開いたしています。会計の公開は中途半端になりましたが、全公開は総代会としては習俗上、布施に踏みこめないという心情があったのだと想像いたしております。『**僧祇物**《そうぎもつ》』につきましては門信徒会計だけでは施設の管理費・光熱水費等が不足しますので宗教法人会計（いわゆる聖域会計）から回金として支出いたしております。『**現前僧物**《げんぜんそうもつ》』としては法人に専業している五名（住職・坊守等）の給与・昇給は住職が年度末の総代会に提案し承認を得て執行しております。会計の全門徒への公開につきましては現住職の課題となりましょう。

三番は人事の公開です。戦後、宗教法人法によって各宗教法人にはそれぞれ寺院規則（佛教の場合）があります。それによりますと、私の寺では責任役員が三名、総代が八名となっています。総代を任命するのは責任役員会ですが、その人的構成は住職（代表役員）とその坊守と門徒一名です。住職と坊守は夫婦ですから、寺側の恣意が通るのは当然です。責任役員を五人くらいにして門徒三名とするなど改善すべきでしょう。

同時に問題なのは都市型寺院と町村型寺院のちがいです。都市型寺院は寺と門徒のつながりが放射線状であって門徒間のつながりが全くといっていいほどにないことです。その点、町村寺院ですと地域共同体の意識もあり門徒同志が知り合っていて、そこから互選によって世話人が出てきて世話人会から総代や責任役員が選出できるわけです。もちろん、これにも世俗化の問題があるのですが住職・坊守の私欲的恣意によって寺経営されてはならないと考えます。

私の寺の場合（福岡政令都市）「区」毎に集会をもって世話人を選出してもらおうと相談を持ちかけましたが、失敗しました。福岡市では地域共同体そのものが、善し悪しは別にして崩壊しつつあり、崩壊してしまっているのです。都市化が進めば進むほど近隣の関係は薄くなっているのです。百三十万余の人口の中、数百の門徒は少数をのぞいて辛うじて通過儀礼を通して個別的に放射線状につながっているにすぎないといって過言ではない、門徒同士は顔すら知らないと言ってもよいのではないかと思います。

大言壮語しても仕方がありません。現在の個々の寺を根城として親鸞さまが教えてくださる「真実信心」による共同体を目ざして歩む以外に道はないと考えます。住職になって四十七年、この「人事の公開」は完全な失敗に終ってしまいました。

地獄必定

『③僧祇物《そうぎもつ》を偸《ぬす》み、現前僧物《げんぜんそうもつ》を盗《ぬす》み、④不浄説法《ふじょうせっぽう》して、⑤慚愧《ざんぎ》あることなく、

⑥諸《もろもろ》の悪業《あくごう》をもって自《みづか》ら荘厳《しょうごん》す』という経文を疏文では「③僧物《そうもつ》を偸盗《ちゅうとう》することを明《あ》かす」と云われ「④邪命《じゃみょう》説法《せっぽう》を明《あ》かす」といわれ「⑤総《そう》じて愧心《きしん》なきことを明《あ》かす」といわれ「⑥衆罪《しゃざい》を兼《か》ね造《つく》り、内《うち》には心《しん》に悪《あく》を発《おこ》し、外《ほか》には即《すなは》ち身口《しんく》に悪《あく》をなすことを明《あ》かす。すでに自身不善《じしんふぜん》なれば、また見《み》るものみな憎《にく》む。故《ゆゑ》に〝諸《もろもろ》の悪心《あくしん》をもって自《みづか》ら荘厳《しょうごん》す〟といふ」と、善導さまは一つ一つ解説されてあります。

第三項は僧物の私有化ですね。第四項は自我欺瞞化、第五項は自我主張、第六項は自我正当化でしょう。つまり我意を通そうとするもので、それは自分でもそのことが善いことか悪いことなのか判断するよりも早く出てくる意識です。わざわざ「いつも不浄説法ばかりやっていまして…」と平気で言っている。一向に不浄とは思っていないから、そう言えるのでしょ。『**慚愧《ざんぎ》あることなし**』ですね。善導さまは『**不浄説法《ふじょうせっぽう》**』を「邪命説法《じゃめいせっぽう》」といわれています。あの『口伝鈔』でいわれる「法師《ほうし》に三つの髻《もとどり》あり、いはゆる勝地《しょうた》・利養《りよう》・名聞《みょうもん》これなり（聖典八八九頁）」が邪命説法でしょう。自ら他人に勝《まさ》ろうとする心、自らの利益を求める心、自らの名誉名声を求める心の三つです。法師とは出家のこと、頭髪はないのですが法師にも見えない髻《もとどり》（ちょんまげ）が三つあると法然さまが聖光坊《しょうこうぼう》にいわれた言葉として『口伝鈔』に載っているのです。

第七項は経文も疏文も、これでいいですね。経文の第三段で『悪業《あくごう》』という経言が二度も出てくるのは注目すべきことです。『悪業《あくごう》』については、さきほどから私見を申したことです。「いづれの行もおよびがたき身なれば、とても地獄は一定すみかぞかし（聖典八三三頁）」とは『歎異抄』のことばでした。

地獄の衆火

第四段に移ります。第四段の経文は、

『①命終《いのちおわ》らんとする時《とき》、②地獄《じごく》の衆火《しゅか》、一時《いちじ》に至《いた》る。③善知識《ぜんぢしき》の大慈悲《だいじひ》をもって、④ために阿弥陀佛《あみだぶつ》の十力威徳《じゅうりきいとく》を説《と》き、広《ひろ》くかの佛《ぶつ》の光明神力《こうみょうじんりき》を説《と》き、亦《また》、戒《かい》・定《じょう》・慧《え》・解脱《げだつ》・解脱知見《げだつちけん》を讃《さん》ずるに遇《あ》わん。⑤この人《ひと》、聞《き》き已《をは》りて八十億劫《はちじゅうおくこう》の生死《しょうじ》の罪《つみ》を除《のぞ》く。⑥地獄《じごく》の猛火《みょうか》、化《け》して清涼《しょうりょう》の風《かぜ》となり、諸《もろもろ》の天華《てんげ》を吹《ふ》く。⑦華《はな》の上《うえ》にみな化佛《けぶつ》・菩薩《ぼさつ》ましまして、⑧この人《ひと》を迎接《こうしょう》す。⑨一念《いちねん》の頃《あいだ》の如《ごと》くに、即《すなは》ち往生《おうじょう》を得《う》。(聖典一一四～一一五頁)』と。

十一門の八枚めを見てください。善導さまは、この第四段の経文を「まさしく第《だい》九門《もん》(臨終《りんじゅう》の時聖来《ときしょうきた》りて迎接《こうしょう》したまふ不同《ふどう》と、去事《こじ》の遅疾《ちしつ》とを明《あ》かす――七祖四四八頁)の中《なか》の終時《じゅうじ》の善悪来迎《ぜんあくらいこう》することを明《あ》かす。即《すなは》ちその九あり(七祖四九二頁)」と九項に分けて解説してあります。

経文第一項の『命終《いのちおわ》らんとする時《とき》』を疏文では「罪人《ざいにん》の命延久《みょうえんひさ》しからざることを明《あ》かす」と解説されています。経文の第三段でも『かくの如《ごと》きの罪人《ざいにん》』が出てきていましたが、ここでも『罪人《ざいにん》』が出てきています。下・上では『かくの如《ごと》き**愚人《ぐにん》**』が『**罪人《ざいにん》**』といわれるわけです。どちらにしても特別に愚かな人とか罪を造った人というのではない、人間をさして愚人、罪人というのが浄土真宗の人間観でしょ。如来の光に照らし出されてみれば、人間はもれなく愚人であり罪人です。

経文第二項『**地獄《じごく》の衆火《しゅか》、一時《いちじ》に倶《とも》に至《いた》る。**』第三項『**善知識《ぜんぢしき》の、大慈悲《だいじひ》をもって**』へまいります。いままでは、ずっと命が終ろうとするときといっても地獄の火が迫ってくることはなかったですね。『**善知識《ぜんぢしき》**』であり『**阿弥陀佛《あみだぶつ》**』であり『**二菩《にぼ》薩《さつ》**』なのでした。つまり救主方が来迎されたわけです。ところが下・中になりますと、疏文では「獄火来現《ごくからいげん》することを明《あ》かす」です。まさに「地獄は一定、住家《すみか》ぞかし」なんですね。前段の第六項で『**諸《もろもろ》の悪業《あくごう》をもって自《みずか》ら荘厳《しょうごん》す**』ですから当然といえば当然のことです。愚人、罪人とは、自分のやってきたことに『**慚愧《ざんぎ》あることなく**』といわれるように無自覚なのですから。

ところが『①**命終《いのちおわ》らんとする時《とき》**』という経言は、人生の終りにあたって安心を求めようとする切なる願心が、この経言の奥にはこめられているのでありましょう。そこには『**諸《もろもろ》の悪《あく》をもって自《みづか》ら**（を）**荘厳《しょうごん》**＝第三段第六項』してきた身の自覚が生れているのです。『**地獄《じごく》の衆火《しゅか》、一時倶《いちじとも》に至《いた》る**』は、その自覚の結果であると倶に「③正《まさ》しく火現《ひげん》ずる時《とき》、善知識《ぜんぢしき》に遇《あ》うこと」でもあったのです。『**倶《とも》に**』は「つれだって・ともなって」を意味する漢字ですから、地獄の猛火につれだって善知識に遇うのです。ここの善知識は、下・上で云われる「往生の善知識」です。善導さまは「忽《たちま》ちに往生《おうじょう》の善知識《ぜんぢしき》に遇《あ》ふことを明《あ》かす（七祖四八九頁）」と云われているでしょ。往生極楽の道を教える善知識です。

しかし同じ善知識に遇うと云っても、下・中では地獄の火が押し寄せてくるときに善知識に遇うのですから逼迫感が全く違います。下・上にくらべて機の自覚が、ずっと深く、現実感があります。

第四項にまいりますと経文が長いのに比較して、疏文は極端に短かいのがわかります。十一門の下・中の表を見てください。経文では、下・中の人々に向って

『ために阿弥陀佛《あみだぶつ》の十力威徳《じゅうりきいとく》を説《と》き、広《ひろ》くかの佛《ぶつ》の光明神力《こうみょうじんりき》を説《と》き、亦《また》、戒《かい》・定《じょう》・慧《え》・解脱《げだつ》・解脱知見《げだつちけん》を讃《さん》ずるに遇《あ》わん』です。善導さまは、これだけの経文を「善人《ぜんにん》、ために弥陀《みだ》の功徳《くどく》を説《と》くことを明《あ》かす」と、たったこれだけですましてあるのです。これで充分なのですね。いや、経文より疏文のほうが、下・中の経文全体から云って現実的なのです。地獄の猛火が燃えさかっている中での説法ですからね。「弥陀の功徳を説く」だけのほうが現実に合っているのです。

それは次の第五項で『この人《ひと》、聞《き》き已《をは》りて…』と経文にありますのを、疏文では「弥陀の名号を聞きて…」なっていることからも領解できます。「弥陀の功徳を説く」といわれますが、その内容は「弥陀の名号」なんです。「弥陀の功徳を説く」といわれるけれども、具体的には南無阿弥陀佛を説かれたのです。

だから経文の第五項の『この人《ひと》、聞《き》き已《をは》りて八十億劫《はちじゅうおくこう》の生死《しょうじ》の罪《つみ》を除《のぞ》く』に移っていいわけですが、広瀬杲師の『観経四帖疏講義＝散善義Ⅲ』（一三五一頁）の中で、第四項の難渋な経言を次のように解説してありますので紹介しておきましょう。

「『十力威徳《じゅうりきいとく》と光明神力《こうみょうじんりき》』は正に果成の阿弥陀です。そして『戒《かい》・定《じょう》・慧《え》・解脱《げだつ》・解脱知見《げだつちけん》』というのは、その果成の阿弥陀をして、果成の阿弥陀たらしめている、言うならば因位の阿弥陀（すなわち法蔵比丘）です。いわゆる阿弥陀佛の果成と因位がここに示されていると領解しても、私は全く見当違いだとは思わないのです」と申されています。

『戒《かい》・定《じょう》・慧《え》・解脱《げだつ》・解脱知見《げだつちけん》』につきましては聖典（一一四〜一一五頁）に「戒律をたもち、禅定に入り、智慧を磨き、あらゆる煩悩から解放（解脱）されて、心の安らかさを自覚（解脱知見）するという五つの功徳。その功徳を具備《ぐび》するものを五分法身《ごぶんほっしん》という」とあります。これは広瀬師の申される阿弥陀の因位である法蔵菩薩の五劫の思惟と兆載永劫の修行の歩みを語り、遂に解脱知見を得て阿弥陀佛となられた歴程を語っているものでありましょう。そして『十力威徳《じゅうりきいとく》』と『光明神力《こうみょうじんりき》』とは阿弥陀佛となられた「弥陀の功徳」をあらわすものでありますから、疏文は「弥陀の功徳を説くことを明かす（第四項）」ものであり、第五項の「弥陀の名号を聞」くこととなるのであります。

清涼の風

ところで第五項の経文に移りたいと思いますが、もはや随分と第五項の疏文には立ち入って申してきました。あらためて経文を読みますと、『**この人《ひと》、聞《き》き已《をは》りて八十億劫《はちじゅうおくこう》の生死《しょうじ》の罪《つみ》を除《のぞ》く**』となっているわけです。その疏文は、先きほども触れましたように「罪人既《ざいにんすで》に弥陀《みだ》の名号《みょうごう》を聞《き》きて、即《すなは》ち罪《つみ》を除《のぞ》くこと多劫《たこう》なることを明《あ》かす」となっています。経文には「弥陀の名号を聞く」など、そんなことは何にも説いていない、ただ『**この人《ひと》、聞《き》き已《をは》りて**』と云っているだけです。何を聞いたのかと言うと、すんなり読めば経文の第四項であることは当然のことです。ひとくちで言うなら大無量寿経ですね、大経が説かれているのを聞いたわけでしょ。憬興師《きょうごうし》の言葉を借りれば如来浄土の因果と衆生往生の因果が説かれたのを聞いたわけです。重ねて申しているわけですが、それを善導さまは「弥陀の功徳」が説かれたのだといわれ、第五項に至っては「弥陀の名号」が説かれるのを聞いたのだと言われるのです。

どう表現すればいいのか、善導さまは経文をバンバンとばして解説されるのですね。経文第四項は「弥陀の功徳を説」いたところだ、だから経文第五項は「弥陀の名号」を下・中の人々は聞いたのだと、まさに追いたてるように断言してゆかれ、『**八十億劫《はちじゅうおくこう》の生死《しょうじ》の罪《つみ》を除《のぞ》く**』は「罪を除くことを多劫《たこう》」と言い切ってありますね。善導さまの己証といえば、それにちがいはないのですが、このたたみかけるようなスピード感はみごとと言うほかにありません。まさに『**地獄《じごく》の衆《しゅ》火《か》**』を頭にかぶるような思いというか、ご自分が下・中の一人になって、途中の善知識の説法は「弥陀の功徳」に修め、経文にない「弥陀の名号」をもって結びとされるところなど、善導さま自身が獄火の中に居られるごとく解説されるのには、ただただ驚嘆のほかにないと言ってよいと思います。

第六項へ進みましょう。

経文は『**地獄《じごく》の猛火《みょうか》、化《け》して清涼《しょうりょう》の風《かぜ》となり、諸《もろもろ》の天華《てんげ》を吹《ふ》く**』です。

疏文は「すでに罪滅《ざいめつ》を蒙《こうむ》りて、火変《ひへん》じて風《かぜ》となることを明《あ》かす」です。

ここで、もはや幾度となく引用してきました八木重吉の『心よ』という詩を引用してみます。（日本の詩歌23巻・中央公論社刊）

こころよ
では　いっておいで

しかし
また　もどっておいでね

やっぱり
ここが　いいのだに
こころよ
では　行っておいで

人は心で身を焼くのでありましょう。身は常に天命に従順なのであります。「絶対無限の妙用に乗託して」身は恒に「現前の境遇に落在せる」ものであります。よって身に行《ゆ》き詰ることはないのです。行き詰ったと思いこむのは心であります。だから心はフラフラと「現前の境遇」から迷いでて、さらに迷いを深めるのでありましょう。かくして心は『**地獄《じごく》の衆火《しゅか》、一時《いちじ》に倶《とも》に至《いた》る**』ことになるのでありましょう。「やっぱり／ここが／いいのだに」と呼びかける身のよび声を聞くこともなくですね。たまたま下・中の人々は「善知識に遇う」ことができ「絶対無限の妙用」

である「弥陀の功徳を説く」を聞き、さらに「弥陀の名号を聞きて」現前の境遇に落在せる身こそ本当の自己であることを知るのです。本来の自己にめざめるのです。「弥陀の名号を聞」くというのは、「やっぱり／ここが／いいのだに」という声を聞くのです。『**汝自当知**《にょじとうち》＝なんじみづからまさに知るべし（聖典一四頁・大経）』とは経言です。

心が身に帰る、心が現前の事実に帰るといってもよい、この事実に「ハイ」と頭をさげることができるかどうか、「地獄必定」に安立できるか、そこに聞えて来るのが「弥陀の名号」なのです。

そこに『⑥**地獄**《じごく》**の猛火**《みょうか》**、化**《け》**して清涼**《しょうりょう》**の風**《かぜ》**となり、諸**《もろもろ》**の天華**《てんげ》**を吹**《ふ》**く**』という「罪滅《ざいめつ》を蒙《こうむ》りて、火変《ひへん》じて風《かぜ》となる」という風光がひろがるのです。これ、ひとへに「弥陀の功徳」の象徴である「弥陀の名号を聞く」ことによるものです。

次へ進みましょう。

第七・第八項は『⑦**華**《はな》**の上**《うえ》**にみな化佛**《けぶつ》**・菩薩**《ぼさつ》**ましまして**⑧**この人**《ひと》**を迎接**《こうしょう》**す**』

が経文で、疏文は「⑦天華風《てんげかぜ》に隨《したが》いて来応《らいおう》して、目《め》の前《まえ》に羅列《られつ》することを明《あ》かす。⑧化衆来迎《けしゅうらいこう》することを明《あ》かす」です。もろもろの天華が清涼な風に乗ってやってきて、下・中の人々のところに舞いおりてくるのですが、それぞれの天華にはみな化佛・菩薩がたがおられてその人々の前に並んで来迎されるのです。

第九項は『⑨**一念《いちねん》の頃《あいだ》の如《ごと》くに、即《すなは》ち往生《おうじょう》を得《う》**』が経文で、これを疏文では「去時《こじ》の遅疾《ちしつ》を明《あ》かす」と言われています。

まぁ、これはこれでいいでしょう。なんども申していますが聖典では『すなはち』になっていますが、ここは『**即ち**』としております。『**一念《いちねん》の頃《あいだ》の如《ごと》くに**』ですから。

六　劫

第五段へまいりましょう。第五段は短かく経文は『**七宝《しっぽう》の池《いけ》の中《なか》の蓮華《れんげ》のうちにして六劫《ろっこう》を経《ふ》。**』です。聖典では『**六劫《ろっこう》を経《へ》て**』と後につなぐ連用形にしてありますが、この第五段は十一門の第十門としてあり、ここは疏文も第五段は「まさしく第《だい》十門《もん》の中《なか》の、彼処《かしこ》に到《いた》りて華開《はなひら》くる時節《じせつ》の不同《ふどう》を明《あ》かす」とありますから終止符をつけました。

その華が開く時節のちがいが、今まで学んできました上・上から下・上までの七品とも、次に学びます下・下とも異なって『**六劫《ろっこう》を経《へ》**』なければ蕾のままで開華しないのだというわけです。

六劫といえば、無限といっていい長い時間です。いままでと比較しますと、上・上には含華の時は『弾指《だんし》の間』でしたし、上・中は『**宿《しゅく》**』でした。一晩ですね。上・下は『**一日一夜《いちにちいちや》**』というのですから一昼夜でした。中・上は『**蓮華《れんげ》、尋《すなは》ち開《ひら》く**』ですから具体的にどれほどの時間かわかりませんが、次の中・中が『**七日《しちにち》**』ですから一昼夜と一週間のあいだぐらいと考えられます。中・下には、はっきりした開華の経言はありませんが『**生《しょう》じて七日《しちにち》を経《へ》て、観世音《かんぜおん》および大勢至《だいせいし》に遇《あ》いて…**』とありますから、中・中と同じ時間を経て華が開くのでしょう。善導さまも、そう理解されています。下・上は『七七日《しちしちにち》を経《へ》て蓮華《れんげ》乃《すなは》ち敷《ひら》く』とありますから四十九日を要するわけです。ところが下・中になりますと『六劫《ろっこう》』ですから桁《けた》がちがうのです。われわれ人間の理性では想像のおよばない時間です。もはや時間を遠く越えている時間といってもよい。超時間的時間というほかにない時間なんです。

いつぞやも申したと思うのですが、われらの側からすれば、浄土の真宗には遇うことができないのです。善導さまも「真宗遇ひ叵《がた》し――七祖五〇一頁」と申されています。「叵」の字は①ない、なし。否定の辞②かたい③できない④ついに、と漢和辞典にあります。不可能ということです。可＝叵の字の反対ですから叵は鏡文字なのです。われわれの側からは、真宗には会えないのです。もし遇うことができるとするなら如来の側からのみ値《あ》うことができるのです。だから値遇《ちぐう》という熟語は遇えないものが必ず値うという意味になります。

親鸞さまも申されています。「噫《ああ》、弘誓《ぐぜい》の強縁《ごうえん》は多生《たしょう》にも値《もうあ》ひ叵《がた》く、真実《しんじつ》の行信《ぎょうしん》は億劫《おっこう》にも獲叵《えがた》し。遇々《たまたま》行信《ぎょうしん》を獲《え》ば、遠《とお》く宿縁《しゅくえん》を慶《よろこ》べ（聖典一三一～一三二頁）」と。下・中の人々は『六劫《ろっこう》』という無限といっていい時をかけて如来が呼びかけてくださった宿縁によって、ようやく『**蓮華《れんげ》、乃《すなは》ち敷《ひら》けん**（次の第六段の第一項）』なのです。宿縁とは、もはや学びました「宿善」であり、真身観に出てまいりました『**佛心《ぶっしん》とは大慈悲《だいじひ》これなり。無縁《むえん》の慈《じ》をもって、もろもろの衆生《しょじょう》を摂《せっ》す**（聖典一〇二頁）』と申される「無縁の慈悲」のことです。くどいようですが、「無縁」の慈悲とは、如来の三心釈で善導さまが「出離《しゅつり》の縁《え》あること無《な》し＝無有出離之縁（七祖四五七頁）」の無縁です。

　平たく申しますなら「如来われ、つねに汝と共にあり、汝、無縁にして地獄に堕ちなば、われまた無縁にして地獄に堕つ」というのが無縁の慈悲つまり佛心というものです。　本日は、ここまでとしておきましょう。

第三講

遇わざりしかば

お早うございます。

早速ですが、昨日までで下品中生の第五段まで学んだことであります。浄土に往生はしたものの、蓮華の蕾の中にあって『六劫《ろっこう》を経《ふ》』と申されますように、ながいあいだ華が開かないのです。浄土に生れても上・上の人々を除いて上・中から下・下まで華に含まれたまま、なかなか開かない、それも品《ぼん》によって華が開く時に早い遅いのちがいがあるわけですね。すべて浄土に生れたことに違いはないのですが開華の時期に疾《はや》い遅《おそ》いがある、疏文に「まさしく第十門の中の彼処《かしこ》に到りて華開くる時節の不同を明かす」といわれる所以です。

まだ下品下生で学ぶのですが、そこでは『十二大劫《じゅうにだいこう》を満《み》てて、蓮華《れんげ》まさに開《ひら》く(聖典一一六頁)』となっています。

下・上が『七七日《しちしちにち》を経《へ》て蓮華《れんげ》乃《すなは》ち開《ひら》く』と言われるのですから、下・上までは人間の常識でわかるのですが、下・中の『六劫《ろっこう》』といわれ下・下の『十二大《じゅうにだい》劫《こう》』となると、われらには理解できません。

話が散るようですが、尾崎放哉の句に「せきをしてもひとり」という詩がありますし、種田山頭火にも「鉄鉢《てっぱつ》のなかに霰《あられ》」という一行詩といってもよい句があります。私もそれを真似て「遇わざりしかば」と作ってみました。何に遇ったのかと言われたら黙するほかにないのですが、浄土真宗を学ぶ方には少くとも領解いただくのではないかと最短詩として、作ったものです。

つまり『六劫《ろっこう》』といい『十二大劫《じゅうにだいこう》』という時間は、われらの疑惑の深さを語っているのです。親鸞さまの三帖和讃の冠頭は二首の和讃をもって始まるのですが、それを「冠頭讃」と名づけられています。第一の和讃は

弥陀《みだ》の名号《みょうごう》となへつつ

信心《しんじん》まことにうるひとは

憶念《おくねん》の心《しん》つねにして
佛恩報《ぶつとんほう》ずるおもひあり（聖典五五五頁）

というもので、ふつう勧信（信心を勧める）和讃といわれているものです。第二の和讃は

誓願《せいがん》不《ふ》思《し》議《ぎ》をうたがひて
御名《みな》を称《しょう》する往生《おうじょう》は
宮殿《くでん》うちに五百歳《ごひゃくさい》
むなしくすぐとぞときたまふ

というもので、ふつう誡疑《かいぎ》（疑いを誡《いさ》める）和讃といわれています（『三帖和讃講義』柏原祐義・四三頁）。

この二つの和讃を「勧信」「誡疑」と名づけた著者の領解はいかがなものであろうか。三帖和讃の冠頭を飾る和讃であるこの二首は、いわば親鸞さまの信心を総括する御和讃です。信を勧め、疑いを誡めるという、いわば外にむかって作ら

れた和讃とは、どうしても思われないのです。法機二種の深信を吐露された和讃ではないかと領解するのが私の思いであります。第一の和讃は親鸞さまご自身の法の深信であり第二の和讃は同じく機の深信をうたわれたものだといただいています。だから、あえて名をつけるとすれば、前者は讃嘆、後者は慚愧とでも標すべき和讃でありましょう。外にむかって讃じられたものでなく親鸞さまご自身にむかって讃じられたのが「冠頭讃《かんとうさん》」と領解するものです。

つまり本願疑惑の深さを時のながさで表現したものが『六劫』であり、下・下の『十二大劫』であります。

菩提の心を発《おこ》さん

第六段へまいりましょう。

経文は『①蓮華《れんげ》、乃ち敷《ひら》けん。華《はな》の敷《ひら》くる時《とき》に当《あた》りて、観世音《かんぜおん》・大勢至《だいせいし》、梵音《ぼんのん》

声《じょう》をもって彼《か》の人《ひと》を安慰《あんに》し、②ために大乗《だいじょう》甚深《じんじん》の経典《きょうてん》を説《と》きたまふ。③この法《ほう》を聞《き》き已《をは》りて、時《とき》に応《おう》じて即《すなは》ち無上道心《むじょうどうしん》を発《おこ》す』

善導さまは、この第六段を、「まさしく第《だい》十一門《もん》の中《なか》の、華開已後《けかいいご》の得益《とくやく》に異《こと》なること有《あ》ることを明《あ》かす」と申されたあと「①華《はな》すでに開《ひら》け已《をは》りて、観音等《かんのんとう》、梵声《ぼんしょう》をもって安慰《あんに》することを明《あ》かす。②ために甚深《じんじん》の妙典《みょうでん》を説《と》くことを明《あ》かす。③行者領解《ぎょうじゃりょうげ》し、発心《ほっしん》することを明《あ》かす」と三項にわけて解説されています。

この第六段は華が開いてからのご利益を三つの次第をもって説かれたわけです。第一項は観世音菩薩が慈悲を大勢至菩薩が智慧を清浄な声で順々と語り行者は大いなる安らぎをたまわるのでしょう。人は言葉によって生き、言葉によって殺されるといわれます。言葉が声になる、それも『梵音声』ですからね。言葉はおなじでも、その調子の上げ下げによっては、まったく反対の意味になるのです。「ありがとう」も抑揚によっては角《かど》がたつでしょ。「馬鹿やろう」もイントネーション次第では愛語にもなるのです。無言も沈黙も大いなる声以上の声を意味することだってある。「あなた黙って、あなたの声が聞こえるために！」といったのはピカートでした。『**安慰**《あんに》』とは経言ですから、ふかぶかとした安らぎなのでしょう。『**地獄**《じごく》**の衆火**《しゅか》**、一時**《いちじ》**にともに至**《いた》』ったときの恐怖を想像すれば、よく納得できることです。第二項は、行者のためにただ「甚深《じんじん》の妙典《みょうてん》を説《と》く」と申されるのですが、経典では『**ために大乗**《だいじょう》**甚深**《じんじん》**の経典**《きょうてん》**を説**《と》**きたまふ**』とあるのですから、経典のほうがより具体的です。もちろん第四段でも善導さまの疏文を見ますと「弥陀の功徳が説（第四項）」かれ、「弥陀の名号を聞（第五項）」いたのですから、第六段の第二項の『**ために大乗**《だいじょう》**甚深**《じんじん》**の経典**《きょうてん》**を説**《と》**きたまふ**』といわれるのは重複しているようですが、第四段では、云ってみれば『**地獄**《じごく》**の衆火**《しゅか》**、一時**《いちじ》**に倶**《とも》**に至**《いた》**る**』なかで説かれたのとちがい、如来の救済をたまわって『**安慰**《あんに》』のなかで説かれたのですから、第四段で善導さまが「弥陀の功徳」が説かれ「弥陀の名号を聞」いたときとは、行者の心には比較にならない落ちつきがあったのでありましょう。

第六段の第三項は『**大乗**《だいじょう》**甚深**《じんじん》**の経典**《きょうてん》**を説**《と》**きたまふ**』二菩薩の『**この法**《ほう》**を聞**《き》

き已《をは》りて、時《とき》に応《おう》じて即《すなは》ち無《む》上《じょう》道《どう》心《しん》を発《おこ》す』です。疏文では「行者領解《ぎゅうじゃりょうげ》し、発心《ほっしん》することを明《あ》かす」です。和讃のことばを借りますなら「安楽佛国に生ずるは／畢竟《ひっきょう》成佛《じょうぶつ》の道路にて／無上の方便なりければ／諸佛浄土をすすめけり（聖典五八五頁）」です。

この第六段の三つの項は「畢竟成佛の道路」なのですね。蓮華の華が開いてから、三項にわたって救済されてゆく道程が説かれていく行者の姿をあらわしているのが、この第六段なのであります。『**時《とき》に応《おう》じて、即《すなは》ち無《む》上《じょう》道《どう》心《しん》を発《おこ》す**』というのがいいですね。『**時《とき》に応《おう》じて**』でしょ。いっぺん発せばいいというのではないです。発心つづけてゆくのです。それが如来の願心に出遇った行者の畢竟成佛の道路になるのです。

もちろん、観無量寿経は親鸞さまにとっては方便・真実の教でありますから散善九品はすべて命終のあとに往生が説かれ、いくらかの時を経て、無生法忍や歓喜地、そして阿羅漢、初地を得ることになっているのですが、この下・中と、次に学びます下・下の行者の得益は『無上道心《むじょうどうしん》を発《おこ》す』『菩提心《ぼだいしん》を発《おこ》す』ということで終っているのです。これは、下・下品でまた課題とするのですが、無上道心といい菩提心といい、そのような心を発してから、何らかの地位につくというのではなくて、無上道心、菩提心を発こして歩んでゆくことが阿弥陀如来の本願にかなうことであり、行者の救済にほかならないわけであります。

さきほど親鸞さまの和讃を引用しましたが、注意して読んでいただけば、わかることですが、「安楽佛国に生ずれば」ではなくて「安楽佛国に生ずるは」ですね。「生れたならば」でなくて「生れる身となったからには」です。いいかえれば、未来の話ではないのです。「現在ただ今、安楽佛国に生ずる身となったからには」という意味ですね。もっというなら、わが人生が浄土を生きる存在となること。乗彼願力の身なればこそ無上道心をもって能動的にこの世を生きる存在となる。そのことが畢竟成佛の道路、つまりは「往生極楽のみち（聖典八三二頁・歎異抄）」であるから、諸佛はわれらに浄土をすすめられるのだといわれるのです。

こうして経文は、第七段に『**これを下品中生**《げぼんちゅうしょう》**のものと名**《な》**づく**』と言われて下品中生を終っているのです。この結びの経言は、説明の必要もないでしょう。

下品下生

経文を読みましょう。第一段です。

『(一)**佛**《ぶつ》**、阿難**《あなん》**および韋提希**《いだいけ》**に告**《つ》**げたまはく**』これが下品下生の人々にむかって釈尊が告命《ごうみょう》なさる言葉です。この佛命は下輩観には三品ともに告げられていることは、もはや申しあげたところです。上輩と中輩には、はじめの上・上と中・上にのみ、この告命があって、他にはなかったものでした。九品はみな凡夫であるのにちがいはないのですが、下輩の三品には、みなこの佛の告命があることは、伝持者である阿難、そして当機衆である韋提希が、それぞれ下輩こそわが身を言い当てられたものであるという自覚をものがたっているからであります。さらには観経を漢訳しました畺良耶舎《きょうりょうやしゃ》にしましても下輩観はおのが身に即して感動させられた告命だったであろうと想像することであります。

次に第二段にまいります。

『(二) 下品下生《げぼんげしょう》というは…』

これからが佛陀の言葉です。この言葉は、下品下生の最後まで続きます。十一門の表では「『**下品下生**《げぼんげしょう》』よりは、まさしくその位《くらい》を弁定《べんじょう》することを明《あ》かす。即《すなは》ちこれ具《つぶ》さに五逆《ぎゃく》等《とう》を造《つく》れる重罪《じゅうざい》の凡夫人《ぼんぶにん》なり」とあります。この「下品《げぼん》下生《しょう》よりは」という疏文の言葉は、ずっと下品下生の全体をおさえた文言です。

これは、九品全部にある文言でありますのに、うっかり読みすごしていました。「具《つぶ》さに」とはひとつももらさず具えている。具定というでしょ。単に父母を殺したり、阿羅漢を殺したり佛をキズつけて血を流させたり、佛法に集う和合衆(僧伽)を乱したりするばかりではないのです。「等」がついているのですからね。悪という悪を欠けることなく具備しているということです。だから「重罪の凡夫人」といわれるのでありましょう。

学びました下・上では「十悪《じゅうあく》を造《つく》る軽罪《きょうざい》の凡夫人《ぼんぶにん》」といわれ、下・中では「破戒次罪《はかいしざい》の凡夫人《ぼんぶにん》」といわれていました。何を根拠に、軽・重が云われているのでしょうか。法律の世界では、かかる罪によって死刑とか無期とかいう罰が科せられるのがありますけれども、罪については、軽・重と云っても客観的には決められてないのではないかと思います。その人自身の人生観なり、宗教・思想によっては罪は問題にならないのです。確信犯にとっては罪の意識はないです。かつてのオーム真理教の麻原彰晃だって、浅間山荘の赤軍派の人たちだって、あれほど残虐な行為をしていても罪の意識があったとは思えません。殺すことをポアするなんて平気で云っていました。しかし弁護するのではありませんが、彼等にとっては、その宗教なり思想なりが最高の善なのですから罪の意識がないのは当然なことです。たびたび広瀬杲師の言

葉を借りているのですが、「罪という言葉は徹頭徹尾、自覚語であり、自覚内容だということである」と云われています。

だから下・上よりも下・中よりも、下・下のほうが罪の自覚においては深く重いということです。もはや引用はしませんが、親鸞さまの著作には「罪」とか「悪」という言葉が多いことはご承知のところですね。

第三段へ進みましょう。十一門では第五・第六門にあたるところです。

『(三)①あるいは衆生《しゅじょう》ありて②不善業《ふぜんごう》たる五逆《ごぎゃく》・十悪《じゅうあく》を作《つく》り③諸《もろもろ》の不善《ふぜん》を具《ぐ》せん。④かくの如《ごと》き愚人《ぐにん》⑤悪業《あくごう》をもっての故《ゆゑ》に悪道《あくどう》に墮《だ》し⑥多劫《たこう》を経歴《きょうりゃく》して⑦苦《く》を受《う》くること窮《きわ》まりなかるべし…。』

善導さまは、この第三段を次のように解説されています。

「まさしく第《だい》五・第《だい》六門《もん》の中《なか》の、簡機《けんき》と造悪《ぞうあく》の軽重《きょうじゅう》の相《そう》を明《あ》かす。即《すなは》ちその七あり。

①造悪《ぞうあく》の機《き》を明《あ》かす。

②総《そう》じて不善《ふぜん》の名《な》を挙《あ》ぐることを明《あ》かす。
③罪《つみ》の軽重《きょうじゅう》を簡《えら》ぶことを明《あ》かす。
④総《そう》じて衆悪《しゅあく》を結《けつ》して、智人《ちにん》の業《ごう》にあらずといふことを明《あ》かす。
⑤悪《あつ》を造《つく》ることすでに多《おお》ければ、罪《つみ》また軽《かろ》きにあらざることを明《あ》かす。
⑥業《ごう》としてその報《ほう》を受《う》けざるはあらず、因《いん》としてその果《か》を受《う》けざるはあらず。因業《いんごう》すでにこれ楽《らく》にあらず、果報《かほう》いづくんぞよく苦ならざらんといふことを明《あ》かす。
⑦造悪《ぞうあく》の因《いん》すでに具《ぐ》して酬報《むくい》の劫《こう》いまだ窮《きわ》まらざらんといふことを明《あ》かす。」

これで経文の第三段の解説は、ひととおり終るのですね。このあと善導さまは有名な抑止門釈《おくしもんじゃく》といわれる問答をだされるのですが、それはあとで学ぶことになります。

ところで、第三段の第一項の『**あるいは衆生《しゅじょう》ありて**』は第三段の総称であって、十一門でいう簡機《けんき》（機《き》の堪《かん》と不堪《ふかん》を簡《えら》ぶこと）をあらわしているわけです。そして、その位《くらい》を弁定すれば、前の第二段の疏文で「即《すなは》ちこれ具《つぶ》さに五逆等《ごぎゃくあく》を造《つく》れる重罪《じゅうざい》の凡夫人《ぼんぶにん》」を指していることになります。このことは大体九品を通して、そうなっていますね。

特に下輩観になりますと、はっきりしています。下・上では「総《そう》じて造悪《ぞうあく》の機《き》を挙《あ》ぐることを明《あ》かす」であり、十一門でいう簡機《けんき》をあらわし、位を弁定すれば「即《すなは》ちこれ十悪《あく》の造《つく》る軽罪《きょうざい》の凡夫人《ぼんぶにん》」です。下・中もそうですね。「総《そう》じて造悪《ぞうあく》の機《き》を挙《あ》ぐることを明《あ》かす」。それは十一門では、やはり簡機《けんき》をあらわし、位の弁定では「即《すなは》ちこれ破戒次罪《はかいしざい》の凡夫人《ぼんぶにん》」です。

つまり下輩の三品はともに『**あるいは衆生《しゅじょう》ありて**』であり、疏文でも「(総じて)造悪《ぞうあく》の機《き》を明《あ》かす」であります。

造悪の軽重

ですから、下・下の第三段の第一項『**あるいは衆生《しゅじょう》ありて**』の経文は、前の第二段である『**下品下生《げぼんげしょう》というは**』を指しているわけです。その『**衆生《しゅじょう》**』とは「具《つぶ》さに五逆等《ぎゃくとう》を造《つく》れる重罪《じゅうざい》の凡夫人《ぼんぶにん》」です。その凡夫人を第三段で、七項にわたって解説されているのです。

ところで、この下品下生といわれる機というのは下品上生の「一生以来《いっしょういらい》の造《ぞう》悪《あく》の軽重《きょうじゅう》の相《そう》を挙出《こすい》す」と比べますと、「造悪《ぞうあく》の軽重《きょうじゅう》の相《そう》を明《あ》かす」だけで「一生以来《いっしょういらい》の」という言葉がないことがわかります。「一生以来とは」「この世に生れてから」ということですから、せいぜい百年未満ですが、下・下になりますとその言葉がないのですから「昿劫《こうごう》よりこのかた」の造悪の軽重の相というのでしょう。昿劫といえば、機の深信釈の中にありましたでしょ。

それに下品上生の造罪は「十悪」であり、下品下生の機類が造る罪は「五逆等」であります。そして前者の造罪と後者の造罪とを比較すれば前者は「軽罪の凡夫人」であり、後者は「重罪の凡夫人」であります。そして下品中生の「破戒次罪の凡夫人」は、その中間の凡夫人だと解釈することもできるわけであります。

しかしながら、下・中の「破戒次罪の凡夫人」には、単に下・上と下・下の間に位置する機類とはいっても、下・中には佛法にそむく悪業があるのです。もはや学んだところですが下・上では『**⑤多《おお》くの衆悪《しゅあく》を造《つく》りて慚愧《ざんぎ》あることなけん**』といわれる機類ではあっても『**③方等経典《ほうどうきょうてん》を誹謗《ひぼう》せず…**』といわれる人々であったわけです。ところが下・中になりますと、諸戒を犯すことはもちろんのこと、さらに『**③…僧祇物《そうぎもつ》を偸《ぬす》み、現前僧物《げんぜんそうもつ》を盗《ぬす》み④不浄説法《ふじょうせっぽう》して慚愧《ざんぎ》あることなし**』という質的なちがいが下・上と下・中にはあるわけで、下・中を単に下・上と下・下の中間にある機類と領解してはならないところです。

下・中には下・下のように「具さに五逆等」は造らずとも非佛教的な行為をしながら慚愧のない機類なのであります。

次に、下・下の第三段の第二項の経文は『**不善業《ふぜんごう》たる五逆《ごぎゃく》・十悪《じゅうあく》を作《つく》り**』であり、その疏文は「総《そう》じて不善《ふぜん》の名《な》を挙《あ》ぐることを明《あ》かす」であります。『十悪』は下・

上の「十一門」の第二門、つまり位を弁定するところで「即《すなは》ちこれ十悪《じゅうあく》を造《つく》る軽罪《きょうざい》の凡夫人《ぼんぶにん》」とあり、『五逆』は下・下に至って始めて出てくる文言です。これを疏文では「五逆等《ごぎゃくとう》を造《つく》る重罪《じゅうざい》の凡夫人《ぼんぶにん》」と申されて十悪と五逆を軽罪と重罪とに分けて、善導さまは領解されていることは、もはや学んだところです。

次に第三段の第三項の経文へ進みます。『諸《もろもろ》の不善《ふぜん》を具《ぐ》せん』です。これに対する善導さまの疏文は「罪《つみ》の軽重《きょうじゅう》を簡《えら》ぶことを明《あ》かす」といわれています。

まぁ、これはもはや申してきたことでありますので論ずることもないでしょう。

善・不善

ここで思いだしますのは、『教行信証』の「後序」が終ったあとで最後に引用される『安楽集＝道綽《どうしゃく》著』と『華厳経《けごんきょう》（入法界品）』の釈文と経文（聖典四七四頁）です。『安楽集』の釈文は「真言《しんごん》を採《と》り集《あつ》めて、往益《おうやく》を助修《じょしゅ》せしむ。如何《いかん》となれば、前《さき》に生《うま》れんものは後《のち》を導《みちび》き、後《のち》に生《うま》れんひとは前《さき》を訪《とぶら》へ（たずねよ）。連続無《れんぞくむ》窮《ぐう》にして、願《ねが》はくは休止《くし》せざらしめんと欲《ほっ》す。無辺《むへん》の生死海《しょうじかい》を尽《つく》さんがための故《ゆゑ》なり」です。意訳すれば「念佛の教えを採り集めて往生浄土の道をいただく御縁にしようではないか。なぜなら先輩は後輩を導びき、後輩は先輩に尋ねて、前後あい続くことが途切《とぎ》れないよう願いたい。なぜなら終りない人びとをもれなく浄土への道へと歩んでいただくためである」となりましょう。まぁ、ひらたく申せば、念佛の教えが永く続くためにガンバレ、といわれるのです。

そして次の『華厳経《けごんきょう》』の経文は『**もし菩薩《ぼさつ》、種々《しゅじゅ》の行《ぎょう》を修行《しゅぎょう》するを見《み》て、善《ぜん》・不善《ふぜん》の心《しん》を起《おこ》すことありとも、菩薩《ぼさつ》みな摂取《せっしゅ》せん**』です。意訳しますと「もし菩薩（これは還相の菩薩であり諸佛＝阿弥陀佛のこと）は、人々が浄土に生れんと志をおこしながらも、ときには善心をおこしたり、ときには不善の心をおこしたりすることがあっても、佛は一人のこらず見捨てることなく救ひとってくださるのである」となりましょう。ひらたく言えば、人間一生のあいだには、善心をおこして頑張れることもあろうが、疲れはてて不善の心をおこしてしまうこともあろう、でも佛はみな救われるのだと。極端に言えば、『**善《ぜん》・不善《ふぜん》の心《しん》を起《おこ》すことありとも**』ですから、ガンバッテモ、ガンバランデモ佛はみな摂取すると。『**安楽集**』はガンバレですし、『**華厳経**』ガンバランデイイヨです。「往生極楽の道（聖典八三二頁―歎異抄）」とはガンバレを因とし、ガンバランデイイヨを縁として成就する教えではないかと思うのです。一所懸命にガンバッテ歩いている人に、ガンバランデイイヨと声がかかる、「まぁ、ゆっくりと、ここに坐りなさい」と言われる。言われた人はガンバランデイイヨと言われると逆にガンバッテ歩きだすのではないですか。

いつぞや大無量寿経の四十八願のことに触れましたとき、『**除《のぞ》く**』という文言がある願が、いくつかある話をしましたね。ひとつだけ挙げますと第十五願（聖典一七～一八頁）です。眷属長寿の願とか修短自在の願と名づけられているものです。法蔵菩薩が『**国中《こくちゅう》の人《にん》・天《でん》、寿命《じゅみょう》よく限量《げんりょう》なからん。その本願《ほんがん》の修短《しゅたん》**（＝長短）

自在《じざい》ならんをば除《のぞ》く。もし爾《しか》らずは、正覚《しょうがく》を取《と》らじ』と。自分（法蔵菩薩）が佛に成ったとき、自分の国の人々の寿命に限りがないようにしよう。ただその人々の希望によっては寿命の長短は自由自在に選ぶことができるようにしよう。もしそうでなかったら自分は正覚（＝成佛）は取りませんというものです。この願があるから第十三願の寿命無量の願が生きてくるのです。第十五願の裏づけがあるから、寿命が無量であることがありがたくいただけるのです。極端に言うなら第十三願の寿命無量の願だけだったら、永劫という時間を受取る器量は人間にはないと考えます。『安楽集』だけでは息が切れてしまう、だから『**華厳経《けごんきょう》**』があって歩いてゆけるのです。

まぁ、今は下・下の第三段の第三項の『**諸《もろもろ》の不善《ふぜん》を具《ぐ》せん**』のところの『**不《ふ》善《ぜん》**』について思いをのべているのですが、どうもこの経言が辞典などをしらべても充分な解説ができずにいるわけです。もちろん第二項には『**不善業《ふぜんごう》たる五逆《ごぎゃく》・十悪《じゅうあく》を作《つく》り**』とありますからそれで通りすぎてもいいのですが、『教行信証』の最後の二つの引用文にひっかかってしまいました。ついでに、この二つの引用文のすぐ前に親鸞のことばがありますので、学んで次へ移りたいと思います。その文はこの書（教行信証のこと）を閉じるにあたり、「もし、この書《しょ》を見聞《けんもん》せんもの、信順《しんじゅん》（信じ順《したが》うこと）を因《いん》とし、疑謗《ぎほう》（疑《うたが》い謗《そ》しる）を縁《えん》として、信楽《しんぎょう》（真実の信心）を願力《がんりき》（如来の本願他力の回向）に（依るものであることを）彰《あらわ》し、妙《めう》果《か》（さとり）を安養《あんにょう》に（浄土往生）顕《あらわ》さん。（聖典四七三頁、（ ）内は円日註）」と言われてから、二つの引用文で終っているのです。

そうとしますと第三項の『**不善**《ふぜん》』というのは、第二項の『**不善業**《ふぜんごう》**たる五逆**《ごぎゃく》**・十悪**《じゅうあく》**を造**《つく》**り**』のなかでも『**五逆**《ごぎゃく》』に力点があり、親鸞さまの『教行信証』の結びの文では「疑謗」にちかいものでしょう。これは第三段の経言の解説が終って、善導さまの抑止文《おくしもん》を学ぶことになりますので、その伏線としての意味を持っていると思います。

愚人

第三段の第四項の経文は『**かくの如**《ごと》**きの愚人**《ぐにん》』そして疏文は「総《そう》じて衆悪《しゅあく》を結《けっ》して、智人《ちじん》の業《ごう》にあらず」と言われていますね。まぁ、いままで下輩ではずっと衆悪を造ってきたわけです。だから「総じて」と善導さまは、いろいろと造悪を説いてきたけれど『**かくの如**《ごと》**き愚人**《ぐにん》』は、すべてまとめて言ってしまえば智人のすることではないと申されているのです。

ふつうだったら稀《ま》れに見る凶悪な犯罪人、極悪な奴だと見るし、そうも言うでしょ。とてつもない悪人だと。ところが経文では『**愚人**《ぐにん》』、疏文では「智人《ちにん》の業《ごう》にあらず」と言うわけですよ。

ふりかえってみますと、下輩三品ともに佛陀は『**かくの如**《ごと》**き愚人**《ぐにん》』という言葉でその三品の人々を申されているのです。悪人とは申されないですね。善導さまは「智者の業にあらず」とか「智者の類《たぐい》にあらず」と『**愚者**《ぐしゃ》』を解説されています。悪人といわずに『**愚者**《ぐしゃ》』と申されるところに佛陀の衆生を見る眼を感じます。佛の慈眼を見るのです。

定善示観縁で佛陀は韋提希にむかって『**なんぢはこれ凡夫**《ぼんぶ》**なり。心想羸劣**《しんそうるいれつ》**にして、いまだ天眼**《てんげん》**を得**《え》**ざれば、遠**《とお》**く観**《み》**ることあたわず**（聖典九三頁）』と言われましたよね。そして、そのお言葉から善導さまは、散善九品をみな「凡夫人」と申されたのです。いや、散善九品だけではない定散二善、法にむかう機はすべてみな凡夫人だというのが善導さまの人間観ですわ。もちろん善導さま自身、法の前に立ったとき「われ凡夫なり」という覚醒があっての『五部・九巻』なんです。『①**心**《しん》**想羸劣**《そうるいれつ》・②**未得天眼**《みとくてんげん》・③**不能遠観**《ふのうおんかん》』こそ吾《われ》なりの自覚が『観経四帖疏』を書かれた所以なのです。『**愚人**《ぐにん》』善導ですね。愚禿親鸞、大愚良寛なんです。良寛など若いころ『荘子《そうじ》』がつねに机上にあったと云い伝えられた伝説がありますし、故郷ちかくの国上《くがみ》山の五合庵でも『正法眼藏《しょうぼうげんぞう》』は生涯、手離さなかったといわれていての大愚良寛だったのです。『**愚人**《ぐにん》』と『**智人**《ちにん》**にあらず**』という言葉は、日常的な意味を越えて、深く佛教的というか、宗教的な意味を持つ言葉であって、単に愚劣とか愚鈍な奴だということでもなく、知識人とかインテリという類《たぐい》のものでもないです。

経歴多劫

次の第三段の第五項から第七項までは続けて読みます。

『**⑤悪業**《あくごう》**をもっての故**《ゆゑ》**に悪道**《あくどう》**に墮**《だ》**し、⑥多劫**《たこう》**を経歴**《きょうりゃく》**して、⑦苦**《く》**を受**《う》**くること窮**《きわ》**まりなかるべし**』

これについて善導さまは「⑤悪《あく》を造《つく》ること既《すで》に多《おお》ければ、罪亦軽《つみまたかろ》きに非《あら》ざることを明《あ》かす。⑥業《ごう》として其《そ》の報《むくい》を受《う》け不《ざ》るは非《あら》ず、因《いん》として其《そ》の果《か》を受《う》け不《ざ》るは非《あら》ずといふことを明《あ》かす。因業既《いんごうすで》に是《こ》れ楽《らく》に非《あら》ず、果報焉《かほういづくん》ぞ能《よ》く苦《く》なら不《ざ》らん也《や》。⑦造悪《ぞうあく》の因既《いんすで》に具《ぐ》して、報《ほう》を酬《むく》ゆるの劫《こう》、未《いま》だ窮《きわま》らざることを明《あ》かす」と解説されています。

まず、第五項ですが『**悪業《あくごう》をもっての故《ゆゑ》に悪道《あくどう》に墮《だ》し**』の経文を善導さまは「悪業を造ること既に多ければ、罪また軽きにあらざることを明かす」と申されています。さきほども云いましたが、罪というのは自覚語でありますから、世にいう確信犯に罪の自覚などありえないわけです。かえって逆に自分たちこそ最高の善を遂行しているのだという思いしかないのです。罪は、それを自覚したものにのみ問題となるものです。

しかし佛陀は決してその罪を見のがすことはないのです。その罪は遂には『⑤**悪業《あくごう》をもっての故《ゆゑ》に悪道《あくどう》に墮《だ》し**』という結果をまねくのです。そのことを善導さまは見ぬかれて「悪業を造ること多ければ」という結果は「罪また軽きにあらざること」が原因なのだと解説されたのです。自覚内容としての罪がもとになって、この経言となったのでしょう。

このようにして、歎異抄のことばを引用しますと、「罪悪深重《ざいあくじんじゅう》・煩悩熾盛《ぼんのうしじょう》の衆生《しゅじょう》たすけんがための願《がん》にまします（聖典八三一～八三二頁）」と熟語されて「悪」もまた宗教的自覚語となるのです。

第三段の第六項に移りますが、経文は『⑥**多劫《たこう》を経歴《きょうりゃく》して**』です。釈文は長いので十一門の表では縮めて書いています。正《ただ》しくは、先きほど読んだ文です。経文は短かいのです。漢文では『**経歴多劫**《きょうりゃくたこう》』で、たった四文字にすぎませんが釈文は長いですね。まぁ、世間でいう因果応報という言葉がありますが、論旨としては、そういうことが言われているわけです。身・口・意の三業のほかにわれらの行為はないわけで、その業は報《むく》いを受け、因は果を受けるのである。その因と業はすでに造悪を重ねて三苦・四苦八苦のなかにあるのだから、その報《むくい》や結果が苦でないはずがないというわけです。

この問題は、差別法名に端を発し、わが教団では備後・安芸教区（広島）と広島県の部落解放同盟の三者によって提起され、全教団的課題となって久しい問題です。（一）は業・宿業、（二）は真俗二諦、（三）は信心の社会性。

この三つの課題は、それぞれ深いところでは同根といっていい関係にあるものですが、教団にかかわる一人々々の自身のなかで課題化されねばならない事柄であります。その中でも観経を学んでいる群萠学舎のわれらにとっては（一）の業・宿業の問題が直截《ちょくせつ》の課題です。

業・宿業ということばは、「悪」とか「罪」という言葉とおなじで、業も宿業も宗教的自覚を内容とする言葉だと、どれだけ叫んでみても、例えば業という言葉が社会的に通用するようになりますと、客観化されて「おまえが苦労するのは前世の宿業だよ」というように曲解されてしまうわけです。他力本願という言葉だって同じことでしょ。棚からボタ餅というように変質してしまうのです。生きていますからね、言葉は。

一人々々の宿業の自覚という言葉も、まだ人口に膾炙《かいしゃ》されたとは言えませんから、新鮮さがありますが、たとえば敗戦直後「〝一億総懺悔〟というスローガンが魔力を振った。それは東久邇《ひがしくに》内閣の政策というよりも、もっと深いところ—日本人の情緒的な心性から立ちのぼる自縄自縛の呪文のようなものであった」(『談論始末』北田耕也著・一六二頁)という運命をたどるものであってはならないと思います。

阿弥陀如来の縁に遇った一人々々が「業・宿業」を自分の身心に受けとめて如何に言葉化するかが大切なのだろうと思います。言葉は信心(思想)の表現ですから、その「業・宿業」がその時代社会で佛縁に遇った者によって次々と新しい言葉として表現され続けてゆかねばならない、そうでないと言葉が使いふるされることによって客観化され、その意味が移動して変質してしまうからです。「前《さき》に生れんものは後《あと》を導き、後に生れんひとは前を訪《とがら》へ。連続無窮《れんぞくむぐう》にして願はくは休止《くし》せざらしめんと欲す」と言われる『安楽集』の文は次々と新しい言葉を生み続けてゆけ、給わった信心を一人々々の御恩報謝の営みとして言葉化してゆけということでしょう。七百年前に親鸞さまが申されたといわれる「故聖人《こしょうにん》(親鸞)

の仰《おお》せには〝卯毛《うもう》・羊毛《ようもう》のさきにゐるちりばかりもつくる罪《つみ》の、宿業《しゅくごう》にあらずといふことなしとしるべし〟と候《そうら》ひき（聖典八四二頁・歎異抄）」という文言があるのですが、現代を生きるわれらは、単なる現代語に意訳するのでなくて、われら自身の身心を通して如何に言葉化するかということです。

たとえば、蓮如さまは『御一代記聞書』のなかで「信心《しんじん》・安心《あんじん》といへば、愚痴《ぐち》のものは文字《もじ》もしらぬなり。信心《しんじん》・安心《あんじん》などといへば、別《べつ》のやうにも思《おも》ふなり。ただ凡夫《ぼんぶ》の佛《ぶつ》に成《な》ることをいふべし、後生《ごしょう》たすけたまへと弥陀《みだ》をたのめといふべし。（聖典一二八九頁）」と申されているように、いわば言葉さがしと言ってもよいでしょう。蓮如さまは平安時代のころから使われていた「後生」という言葉を探しあてたのです。そして信心とか安心といわれていた言葉を「後生たすけたまへと弥陀をたのめ」とか「後生の一大事」という言葉を持ってこられたのです。これは当時、世間一般に流布していた言葉を利用されたのですが、またあらためて造語してもよいと思いますね。いや造語し言葉化すべきです。

たとえば、わが国は近代に開国してから、たくさんの外来語が入ってきたわけで、それを日本語に訳したり、従来の日本語を造りかえたりしてきたわけです。さきほどの北田耕也の別の書に『自己という課題』というのがあって言っています。

「日本には、情緒的な語り・聞きの伝統（琵琶・節談説教・浄瑠璃・浪曲）はあるが、論理的な語り・聞きの伝統がない。福沢諭吉が演説という訳語を作ってその必要を説いたのはそのためであるが、彼の中津の実家の前は真宗の寺で、そこにひとりしゃべりの伝統があることが、スピーチを広めていく自信の核になったという意見（司馬遼太郎『現代＝一九九五年九月号』）がある」と云っています。

浄土真宗は言葉の佛教ですからね。南無阿弥陀佛を本尊とする佛教です。南無阿弥陀佛は言葉の中の言葉。始源の言葉、名号です。

安田理深師の言葉を借りていうなら「本願に名はない。離言《りごん》である」「それにもかかわらずなぜ名があるかというと、我々が呼びかけるためなのである。迷える我々は、その呼びかけによって自覚を得られるのである」「人間は努力で自己を自覚するわけにはいかぬ。そこに、どうしても出てこなければならぬ〝呼びかけ〟として名が与えられるわけである。我等は自己を探し求めるに先きだって向うから呼びかけられて居るのである」「我々に対する呼びかけを本願といえば、願心は形はないが、その形のない心をあらわしたのが南無阿弥陀佛である」「名号はこうして本願の言葉である」（『言にたまわる信』五三〜五四頁）。

思わず横道にそれました。次に移ります。

苦を受くるに窮まり無し

次は第三段の最後になります第七項です。経文は『⑦苦《く》を受《う》くること窮《きわ》まりなかるべし』です。まさに善導さまが深心釈で申されました「自身《じしん》は現《げん》にこれ罪悪生死《ざいあくしょうじ》の凡夫《ぼんぶ》、昿劫《こうごう》よりこのかた常《つね》に没《もつ》し常《つね》に流転《るてん》して、出離《しゅつり》の縁《えん》あることなしと信《しん》ず（七祖四五七頁）」と同意の経文です。善導さまはこの経文を解説されて「造悪《ぞうあく》の因《いん》、既《すで》に具《ぐ》して、酬報《しょうほう》（報《むく》いに酬《こた》う）る）の劫《こう》（時間）未《いま》だ窮《きわ》まらざることを明《あ》かす」です。悪を造った因縁は、すでに欠けることなく具足しているのだから、その因縁によって受けねばならない果報の時間は際限がなく続くと言われるのです。まさに「無有出離之縁＝出離《しゅつり》の縁《えん》有《あ》ること無《な》し」ですね。もう、これは解説の必要はないでしょう。

しかし、この全く救いの道が途絶えてしまったという「無有出離之縁」が次の有名な「抑止門釈《おくしもんじゃく》」という善導さまの問答が出てくる因縁というか、原因となるのです。

抑止門《おくしもん》

十一門の表には残念ながら余白がありませんでしたので、『七祖篇』の四九四頁を開いてください。質問をまず読みます。

「問《と》ひていはく、四十八願《がん》のなかの（第《だい》十八願《がん》）ごときは、唯《ただ》、五逆《ぎゃく》と誹謗《ひほう》正法《しょうぼう》とを除《のぞ》きて、往生《おうじょう》を得《え》しめず。いまこの『観経《かんぎょう》』の下品下生《げぼんげしょう》のなかには謗法《ほうぼう》を簡《えら》びて五逆《ぎゃく》を摂《せつ》せるは、何《なん》の意《こころ》かあるや」

これが質問ですね。これに対する答は、

「答《こた》へていはく、この義仰《ぎあお》ぎて抑止門《おくしもん》のなかにつきて解《げ》せん。四十八願《がん》のなかの（第《だい》十八願《がん》）ごとき、謗法《ほうぼう》と五逆《ぎゃく》とを除《のぞ》くことは、しかるにこの二業其《ごうそ》の障《さわり》極重《ごくじゅう》なり。衆生《しゅじょう》もし造《つく》れば、ただちに阿鼻《あび》に入り、歴劫《りゃっこう》周慞《しゅうしょう》して出《い》づべきに由《よし》なし。ただ如来《にょらい》それこの二《ふたつ》の過《とが》を造《つく》ることを恐《おそ》れて、方便《ほうべん》して止《とど》めて「往生《おうじょう》を得《え》ず」とのたまへり。またこれ摂《せつ》せざるにはあらず。また下品下生《げぼんげしょう》のなかに、五逆《ぎゃく》を取《と》りて謗法《ほうぼう》を除《のぞ》くは、それ五逆《ぎゃく》は已《すで》に作《つく》れり、捨《す》てて流転《るてん》せしむべからず。還《かえ》りて大悲《だいひ》を発《おこ》して摂取《せっしゅ》して往生《おうじょう》せしむ。」

と。已造業《いぞうごう》ですね。つづいて、

「しかるに謗法《ぼうほう》の罪《つみ》はいまだ爲《つく》らず。また止《とど》めて〝もし謗法《ぼうほう》を起《おこ》さば即《すなは》ち生《しょう》ずることを得《え》ず〟とのたまふ。これは未造業《みぞうごう》につきて解《げ》す。もし造《つく》らば、還《かえ》りて摂《せっ》して生《しょう》ずることを得《え》しめん。かしこに生《しょう》ずることを得《う》といへども、華合《はながっ》して多《た》劫《こう》を経《ふ》。これらの罪人《ざいにん》、華《はな》のうちにある時《とき》、三種《しゅ》の障《さわ》りあり。一には佛《ぶつ》および諸《もろもろ》の聖衆《しょうじゅ》を見《み》ることを得《え》ず。二には正法《しょうぼう》を聴聞《ちょうもん》することを得《え》ず。三には歴《りゃく》事供養《じくよう》することを得《え》ず。これを除《のぞ》きては以外《いげ》はさらに諸《もろもろ》の苦《く》なし。経《きょう》にのたまはく〝なほ比丘《びく》の三禅《ぜん》に入《い》れる楽《らく》のごとし〟と。応《まさ》に知《し》るべし。華《はな》の中《なか》にありて多劫《たこう》開《ひら》けずといえども、阿鼻地獄《あびじごく》の中《なか》にして、長時永劫《ちょうじようごう》に諸《もろもろ》の苦痛《くつう》を受《う》くるに勝《すぐ》れざるべけんや。この義抑止門《ぎおくしもん》につきて解《げ》しをはりぬ。」

この抑止門は『教行信証（末）―逆謗摂取釈―聖典三〇一～三〇三頁』で全文が引用され、その直前には曇鸞さまの『浄土論註』の「八番問答」が引用され、また『涅槃経《ねはんきょう》』もながながと引用されていますが、『教行信証の末巻』は、その大部分が、『大無量寿経《だいむりょうじゅきょう》』の第十八願『**設《たと》ひ我《わ》れ佛《ぶつ》を得《え》たらんに、十方《じっぽう》の衆生《しゅじょう》、至心《ししん》・信楽《しんぎょう》して、我《わ》が国《くに》に生《しょう》れんと欲《おも》ひて、乃至十念《ないしじゅうねん》せん。若《も》し生《うま》れ不者《ずば》、正覚《しょうかく》を取《と》ら不《じ》。唯五逆《ただごぎゃく》と誹謗正法《ひほうしょうぼう》とをば除《のぞ》く**（聖典一八頁）』の最後の『**唯五逆《ただごぎゃく》と誹謗正法《ひほうしょうぼう》とをば除《のぞ》く**』についての論述なのです。漢文になおせば『**唯除五逆《ゆいじょごぎゃく》・誹謗正法《ひほうしょうぼう》**』、たったこの八文字について論じてあるのです。

曇鸞さまの「八番問答」も『涅槃経』の引文も、観無量寿経に出てきます登場人物になぞらえていえば、五逆罪をおかした阿闍世《あじゃせ》であり、佛陀釈尊を殺害しようとまでした提婆達多《だいばだった》であります。

質問の意味は、「四十八願の中の第十八願に衆生の救済が説かれているが、ただ父を殺し母を殺し阿羅漢を殺し、佛陀の身をキズつけ、佛法をよろこぶ同行の和を乱すという五逆罪を犯した者と、正しい佛法を非難し否定する謗法の罪を犯した者は救済から除かれ、往生ができぬとあるが、今観経の下品下生では、五逆と謗法の罪を区別して五逆罪の者は救うというのは、なぜか」というので、もっともな質問ですね。

それに対する善導さまの答は「この理由をうかがってみると、如来はわれらに罪を造らせまいとして、抑《おさ》え止《と》められる教門であると解釈する。大経の第十八願の文のなかに、五逆と謗法を除くとあるのは、この二つの悪業は、その障《さわ》りが極めて重いからである。

もし衆生がこれを造れば、阿鼻《あび》（無間地獄）に堕ち永劫に苦んで、そこから出ることができない、もっともひどい地獄である。

そこで如来は、この二つの悪業を衆生が犯すことをおそれて、慈悲（方便）をもって抑《おさ》えて、もしこの悪業を犯すなら〝浄土に往生はできない〟と止《と》められたのであって、救われないのではない、抑止門の心は慈悲門なのである。

また下品下生の中には、五逆罪の者は救うが謗法罪の者は除くとあるのは、五逆は已《すで》に造っているため、捨てて流転させてはならないから、如来はさらに大悲をおこして、彼を摂取して浄土に迎えてくださるのである。

しかし謗法の罪は未《いま》だ造っていないから、〝もし謗法の罪を犯したら浄土往生はできない〟と申されるのであって、これは未だ造っていない業であるから未造業《みぞうごう》について解釈するものである。

もし謗法罪《ほうぼうざい》を造れば、かえってこれら摂め取り浄土往生を得させるのである。しかし、たとえ浄土に往生できるとしても、人間の知恵ではとても量りえない永いあいだ蓮華は開かないままの往生である。これらの罪人たちは華の内にいるあいだ三つの障《さわ》りがある。一つは佛や菩薩や聖者方を見ることができない。二つには佛法を聴聞できない。三つには他の世界の佛や聖者たちを供養することができない。この三つの障《さわ》りを除いたほかに苦しみはないのである。これは経典の中で〝なほ比丘《びく》の三禅《ぜん》に入《い》れる楽《らく》のごとし〟と。蓮華が開かないからと言っても、阿鼻地獄《あびじごく》にあって無限に苦を受けることに比べたら勝《すぐ》れているであろう。この義（ことわり）は抑止門《おくしもん》によって解説したのである」といってこの抑止門の問答は終っているのです。〝三善天に入れる楽〟ということばがむずかしいと思いますが、この〝楽〟というのは欲望の世界・芸術の世界・思想や哲学の世界（以上三界という＝欲界・色界・無色界の三天）の中の色界第三禅の快楽のことです。この快楽は三界の中でもっともすぐれているので、浄土の楽に例えられることが多いですね。すぐれた絵画・彫刻・音楽・書・建築などを想像してみてくだされば、どうでしょうか。

まだ、抑止門の全体の私の解説については終っていないのですが、まぁ、ここで一区切りをつけてなぜ善導さまが抑止門《おくしもん》という問答を書かねばならなかったのか、あとにもどるようですが、いま一度第三段の第六・第七項の経文と疏文を読んでみたいのです。**『⑥多劫《たこう》を経歴《きょうりゃく》して、⑦苦《く》を受《う》くること窮《きわ》まりなかるべし』**が経文。疏文は「⑥業《ごう》、その報《ほう》を受け、因《いん》その果《か》を受《う》く。因業《いんごう》これ楽《らく》にあらず、果報《かほう》、焉《いずくん》ぞ能《よ》く苦《く》ならざらんや。⑦造悪《ぞうあく》の因《いん》すでに具《ぐ》して酬報《しゅうほう》（報《むくい》に酬《こたう》る）の却《こう》いまだ窮《きわ》まらざることを明《あ》かす」でした。もはや学んだところでしたね。この文言はともに、下・下の人々は永遠に救済はありえない。まさに機の深信でいわれる「出離の縁、有ること無し」ということですね。「無有出離之縁」とは、救済の断念を意味する言葉です。しかし、そのことこそが善導さまをして抑止門を書かせたのであると申してきました。

この「無有出離之縁」については、もはや幾度か申してきましたが、如来の慈悲を『**無縁《むえん》の慈《じ》**（聖典一〇二頁）』というのは、無有出離之縁の文言のはじめの「無」と、おわりの「縁」を採《と》って「無縁の慈悲」といわれたのだと云ってきましたのはご記憶と思います。

これは、まだ曽我量深師がご存命のころに直接聴聞したお言葉でした。「如来の無縁の慈とは無有出離之縁の慈悲である」と、もう半世紀ちかい昔に給わりましたこのお言葉がくずれかかる私の身に、あるときはきびしくあるときは限りなくやさしく響いてくる、生涯忘れることのない教言としてですね。「如来、常に汝と共にあり。汝、堕ちなば、如来また汝と共に堕つ」です。これが救済の断念を語った下・下品に、善導さまをして抑止門を書かせた縁由、抑止門の展開となった由縁です。ですから抑止門は徹頭徹尾、如来の慈悲門なのです。

三つの障《さわ》り

ところが抑止門の私の解説は、これで終っては不充分なのですね。再度、後半の部分を読んでみます。

「彼《かし》に生《しょう》ずることを得《う》といへども、華合《はながっ》して多劫《たこう》を経《ふ》。これらの罪人《ざいにん》、華《はな》のうちにある時《とき》、三種《しゅ》の障《さわ》りあり。

一には佛《ぶつ》および諸《もろもろ》の聖衆《しょうじゅ》を見《み》ることを得《え》ず。

二には正法《しょうぼう》を聴聞《ちょうもん》することを得《え》ず。

三には歴事供養《りゃくじくよう》することを得《え》ず。

これを除《のぞ》きて以外《いげ》はさらに諸《もろもろ》の苦《く》なし。経《きょう》に言《のたま》はく『**なほ比丘《びく》の三禅《ぜん》に入《い》**

れる楽《らく》のごとし』と。応《まさ》に知《し》るべし。華《はな》のなかにありて、多劫《たこう》開《ひら》けずといへども、阿鼻地獄《あびじごく》のなかにして、長時永劫《じょうじえいごう》に諸《もろもろ》の苦痛《くつう》を受《う》くるに勝《すぐ》れざるべけんや。この義抑止門《ぎおくしもん》につきて解《げ》しをはりぬ」

ここで言われる「三つの障り」を、一言でいうなら不見三法ということでしょう。佛と法と僧を見ないということです。佛と法は解釈の必要もないでしょうが、三の「歴事供養《りゃくじくよう》」は、あらゆる世界の人々と出会って、その人々を諸佛と仰ぎ、敬《うや》まい供養していくことです。十方世界の諸佛がたをたずね経巡《へめぐ》って僧宝として事《つか》えてゆくことです。三つとも、そうする「ことを得ず」ですから、文面どおりに解釈すれば、三宝を見たり聴聞したり歴事供養したりすることができないということでしょうが、私はそうではなくて「〜できない」というより「〜しない」という意味にとりたいと思うのです。

なぜ、そのように言い変えたいかというと親鸞さまの「和讃」のなかの「正像末和讃」に二十三首の「誠疑和讃＝私は疑惑和讃といったほうがいいと思ってい

ます＝聖典六一〇～六一四頁」というのがありまして、

　七宝の宮殿《くでん》にうまれては
　五百歳のとしをへて
　三宝を見聞《けんもん》せざるゆゑ
　有情利益《うじょうりやく》はさらになし（聖典六一二頁）

と申されているからです。「三宝を見聞せざるゆゑ」ですからね。見たり聴聞したり、歴事供養《りゃくじくよう》したりすることができないのではなくて、「三宝を見聞せざる＝見聞しない」からであります。

　この和讃は大無量寿経の下巻をもとに作られたもので、その経文は『**かの宮殿《くでん》に生《うま》れて寿《いのち》五百歳《ごひゃくさい》、常《つね》に佛《ぶつ》を見《み》たてまつらず、経法《きょうぼう》を聞《き》かず、菩薩《ぼさつ》・声聞《しょうもん》の聖衆《しょうじゅ》を見《み》たてまつらず**（聖典七七頁）』です。

　つまり三宝を疑惑することすらしないのです。三宝を疑うということであれば、三宝ということを、まったく知っていなければ、疑うことも惑うこともないわけです。不見三法（三法を見ず）ですからね。下・下の人々というより現代のわれらは三法を疑惑することすらしないのではないかと思うのです。

なんども引用していますが、親鸞さまの言葉を借りるなら、浄土真宗の信心は「信順を因とし、疑謗を縁として」われらの身心に受領するものです。本願他力回向の信心は、疑《うたが》い謗《そし》り抗《あらが》うことを縁として給《たま》わるものです。正に信順だけで給わるほど人間は上等ではない、すんなり信じ順《したが》う程の存在ではない、人間の存在そのものが「無明《むみょう》常夜《じょうや》（聖典六〇六頁）」といわれます。真暗闇《まっくらやみ》です。三宝を見るなんて考えもしないのです。だから疑謗とは人間の存在の深みにまでも根をおろしているのです。換言すれば、人間は死ぬまで夢みる存在、夢すてきれぬ存在ということです。

「十二縁起（維摩経）」の説によりますと老死の苦を招ねく根本の原因は無明だと説かれています。苦の根底にあるのは無明、それから十二の縁をぐって生（老病）死の苦が生れてくる、無明を押さえていえば三法に明かるく無い、不見三宝に無明であることが人間の苦の根元なんです。

だから不見三宝ということが、そもそも苦の根元であるから「これを除きて以外《いげ》はさらに諸の苦なし」と申され、さらに『観佛《かんぶつ》（三昧《ざんまい》）経《きょう》』等を引用されて『**なほ比丘《びく》の三禅《さんぜん》に入《い》れる楽《らく》のごとし**』と申されたあと、語気強く「応《まさ》に知《し》るべし」と断言されているのです。

この「応知《しるべし》」という言葉は親鸞さまも時折り使ってありますが、強く断定されるとき使われるもので、この言葉に観経の学びが頓挫《とんざ》してしまったことがありました。

ところが、私の寺の合唱団で『ふんだりけ』を歌っていたとき、混声四部合唱で私はパートがバスなんですが、もちろんお世辞にも上手とはいえない、いい加減な合唱団ですけれども、何回も叱られながら歌っているうちに案外きれいにハモってきましてね。そんなとき、ほんとに桃源郷に入ったような心境になったことがあったのです。作詩が親しく教をいただいた川上清吉師であり、詩が文語体で気に入っていたこともあって胸が熱くなります。いまでも一人でくちずさむと、深い感慨なしには歌えないほどに好きなひとつです。

そのとき思ったのですよ。「あぁ、これが抑止門でいわれる〝三禅に入れる楽のごとし〟なのじゃないか」と。「信楽」をわが信心といわずに「願力に彰し」と云われたのが親鸞さまでしたし「妙果」を開悟とかサトリといわずに、その境地を「安養」の浄土をもって顕わされたのが宗祖聖人でした。そこには「比丘の三禅に入れる楽」を拒絶される姿勢を見ることができるように思われますし、また如来から給わる信心を、行者が自分の等身大のところで領解してゆくという、まさに「不了佛智＝佛智を了《さと》らず」のあやまちを犯してしまうことにもなる、だから「応知《しるべし》」なんです。

さらに抑止門は「華《はな》のなかにありて多劫開《たこうひら》けずといえども、阿鼻地獄《あびじごく》の中《なか》にして、長時永劫《じょうじえいごう》に諸《もろもろ》の苦痛《くつう》を受《う》くるに勝《すぐ》れざるべけんや」と続いています。阿鼻地獄とは特別に、ここが地獄という場所ではなく、間無《ひまな》く永劫に堕ちつづけて行く地獄でありますから、あとで出てまいります下・下の第五段で『**蓮華《れんげ》の中《なか》にして十二大劫《じゅうにだいこう》を満《み》てて、蓮華《れんげ》まさに開《ひら》く**』とくらべたら阿鼻地獄より下・下のほうが勝《すぐ》れていると申されているのです。つまり無間地獄に堕ちることとくらべたら「華が莟《つぼ》んで出てこない＝含華未出＝こと『十二大劫《じゅうにだいこう》』のほうが、ずっと勝れているということでありましょう。その間はまさに「比丘の三禅に入れる楽のごと」しなのですからね。

しかしながら、どうでしょうか。色界における三禅天の楽は「三界《さんがい》の中で最もすぐれているので、浄土の楽を示す喩《たと》え（七祖四九五頁・欄外参照）とされる」と註釈されているのですが、不見三法を前提とした楽であるかぎり、信心の世界を自己流に相対化して音楽や思想の世界として矮小化するものであって天人の五衰のひとつである「本座を楽《たの》しまず」ということになってしまうのではないでしょうか。自分がいま坐っているところが楽しめなくなる。「比丘の三禅に入れる楽」とは、現在に満足しなくなるような楽ではないか。ブクブク肥《ふと》った豚、眠むたそうなポチですね。だからといって、これは「本座を楽《ねが》わず」とも読めるですね。真実信心を得ることを楽《ねが》わない、遂には虚無の世界に漂流することにもなるのでありましょう。今日のわが国の精神情況が、まさにこれではないかと思います。

善導さまの抑止門は、このようにして終っているのです。午前中は、これまでにして午后は下・下の第四段に移ります。

第四講

聞法・念佛・現益

第四段に入ります。まず経文を読みます。

『①かくの如《ごと》きの愚人《ぐにん》②命終《いのちおわ》らんとする時《とき》に臨《のぞ》みて③善知識《ぜんぢしき》の④種々《しゅじゅ》に安慰《あんに》して、ために妙法《みょうほう》を説《と》き、⑤教《おし》えて念佛《ねんぶつ》せしむるに遇《あ》わん。⑥この人《ひと》、苦《く》に逼《せ》められて念佛《ねんぶつ》するに遑《いとま》あらず。善友《ぜんぬ》、告《つ》げていわく〈汝《なんぢ》もし念《ねん》ずるあたはずは、当《まさ》に無量寿佛《むりょうじゅぶつ》を称《しょう》すべし〉と。⑦かくの如《ごと》く心《こころ》を至《いた》して、声《こえ》をして絶《た》えざらしめて、十念《じゅうねん》を具足《ぐそく》して南無阿弥陀佛《なもあみだぶつ》と称《しょう》せしむ。⑧佛名《ぶつみょう》を称《しょう》するが故《ゆゑ》に、念々《ねんねん》の中《なか》において八十億劫《はちじゅうおくこう》の生死《しょうじ》の罪《つみ》を除《のぞ》く。⑨命終《いのちおわ》るとき金蓮華《こんれんげ》を見《み》るに、なお日輪《にちりん》の如《ごと》くしてその人《ひと》の前《まえ》に住《じゅう》せん。⑩一念《いちねん》の頃《あいだ》の如《ごと》くに即《すなは》ち極楽世界《ごくらくせかい》に往生《おうじょう》することを得《う》（聖典一一五〜一一六頁）』。

これが下・下の第四段で、十一門では第七門の「修業《しゅごう》の時節《じせつ》に延促異《えそくこと》なることを明《あ》かす」であり、第八門の「所修《しょしゅ》の行《ぎょう》を回《え》して、所求《しょぐ》の処《ところ》に向《む》かふことを明《あ》かす」であり、第九門の「臨終《りんじゅう》の時《とき》聖来《しょうきた》りて迎接《こうしょう》したまふ不同《ふどう》と、去時《こじ》の遅《ち》疾《しつ》とを明《あ》かす（七祖四八七～四八八頁）」というところに当りましょう。

善導さまは、この第四段を十項に分けて解説されるのですが、下・下の十一門表を見ていただきますと、同じく十項にわけてございます。

そしてその解説の冒頭に「まさしく法《ほう》を聞《き》き佛《ぶつ》を念《ねん》じて、現益《げんやく》を蒙《こうむ》ることを明《あ》かす」と申してあるわけです。つまりこれが善導さまの第四段の総説にあたる文言であります。

第四段の十項目をまとめて申せば、「法を聞く」という聞法と、「佛を念ずる」という念佛と、「現益を蒙むる」という現生の利益を得ることができるのだというわけです。以下十項目にわたる解説はこの三つの「聞法」「念佛」「利益」に尽きるというのが善導さまのこの第四段についての大綱であります。

このことを、しっかり確認して、各項目を学んでいくことが大事です。

愚人の称名

第一項の『①**かくの如**《ごと》**きの愚人**《ぐにん》』については、下輩観に入って各品ごとに下・上にも下・中にも何度も出ていました。『**愚人**《ぐにん》』は下三品ともに「造悪の人」、「造悪の機」と善導さまは押えてあり、下・上では「智者の類にあらず」と、愚人を智者と対置して釈してあります。『**智者**《ちしゃ》』とは下・上では「善知識」のことであります。世間でいう知識ゆたかな人の意味ではありません。学徳たかき人ともかぎらないのです。「流通分」で、でてくるのですが『**もし念佛**《ねんぶつ》**するものは、まさに知**《し》**るべし、この人**《ひと》**はこれ人中**《にんちゅう》**の分陀利華**《ふんだりけ》**なり**（聖典一一七頁）』といわれる人であります。分陀利華とは、サンスクリット語を漢音にあてたPundarika（プンダリーカ）のことで白蓮華《びゃくれんげ》のこと。白蓮華にたとえられるような人で、念佛の行者のことを『**智者**《ちしゃ》』というのです。前にも紹介しましたが、

染香人《ぜんこうにん》のその身には
香気《こうけ》あるがごとくなり
これをすなわちなづけてぞ
香光荘厳《こうこうしょうごん》とまうすなる（聖典五七七頁）

「染香人」の左訓には「かうばしき香、身に染まるがごとしといふ」とあり佛智の香に染った念佛者をさしていった言葉です。「香光荘厳」の左訓には「念佛は智慧なり」とあります。如来のかぐわしい智慧の光で荘厳された人、それをここでは『**智者**《ちしゃ》』といわれているのです。佛智をたまわった人を智者といい善知識というのです。われらを愚者という。宗教的自覚語をも意味する、その点からいえば人間すべて愚者であります。愚人でありま す。

第二項の『②**命終《いのちおわ》らんとする時《とき》に臨《のぞ》みて**』を、善導さまは「命延久《みょうえんひさ》しからざることを明《あ》かす」と申されていますが、今日で言う臨終ではなく、危篤の情況でありましょう。まだ存命の時がゆるされている情況です。

第三・第四・第五項の**『③善知識《ぜんぢしき》の④種々《しゅじゅ》に安慰《あんに》して、ために妙法《みょうほう》を説《と》き⑤教《おし》えて念佛《ねんぶつ》せしむるに遇《あ》わん』**を、善導さまは「③臨終《りんじゅう》に善知識《ぜんぢしき》に遇《あ》うことを明《あ》かす」と釈されています。「遇」とは、いつも申していますように会うはずもなかったものが遇ったことを意味する言葉です。偶然に遇ったのです。必然に対する偶然です。「値《ち》」も会《あ》うと訓じますがこの「値《あ》う」は必然をあらわす会うです。値段《ねだん》とか言います。そういえば、値遇という言葉がありましたね。まぁ、意味は会うことなのですが、値《ち》は如来が衆生に値《あ》う、遇《ぐう》は衆生が如来に遇《あ》うときに使われる言葉でしょう。

『平等覚経《びょうどうがっきょう》（後漢月支国三蔵支婁迦讖訳《ごかんげっしこくさんぞうしるかせん》＝一世紀）』の正宗分のところですが、二十四願を説き終られて、みなよろこぶのですが、佛が申されるところがあります。**『この阿闍世王太子《あじゃせおうたいし》および五百人等《ごひゃくにんとう》、みな前世《ぜんせ》に迦葉佛《かしょうぶつ》のとき、わがために弟子《でし》となれき。いまみなまた会《え》してこれともにあひ値《あ》へるなり＝今皆復会是共**

相値也＝聖典一四四頁』と。

ここに「値」ということばが使ってあります。「会」と「値」ですね。会衆のなかにははじめて会った人も多勢あったわけでしょ。その経文の前には『**阿闍世**《あじゃせ》**王太子**《おうたいし》**および五百人等**《ごひゃくにんとう》』とありますからね。ところが佛が申されるには『**今**《いま》**、皆**《みな》**、復**《また》**、会**《え》**して是**《こ》**れ共**《とも》**に相**《あ》**い値**《あ》**へる也**《なり》』とおっしゃったのです。

「臨終に善知識に遇うことを明かす」と善導さまがおっしゃる「遇う」といわれるのは偶々《たまたま》偶然に遇ったのではなくて、昔（経典では前世といわれていますが…）会っていたから今、復、一同つどひて共に値《あ》うことができたのです。

それは単に人間に会うことだけに限ったことではないのでしょう。妙好人といわれる源佐でしたかね。自分が背負った薪を牛の背にかつがせたとき、おのれの宿業に目ざめたといわれています。そうとすれば源佐にとって牛が善知識だったのです。毎日、彼は牛に薪を背負わせていたのですから、牛にはずっと会っていたのです。何ひとつ考えることもなく牛に薪を背負わせて里に薪を売りに行っていたのです。偶々、ハッと気づいたのです。源佐にとっては正に偶然だったので すが、如来にとっては牛に変って値わずにおかぬ、必ず値わせずばやまぬという必然の慈悲だったのです。

経典に話をもどしますと、第二項の『**命終《いのちお》わらんとする時《とき》に臨《のぞ》みて**』が機縁となって、第三項の『**善知識《ぜんぢしき》**』に偶々《たまたま》、遇うことができたわけです。まさに値遇《ちぐう》というほかありません。必然の「値」と偶然の「遇」との出会い、そこに南無阿弥陀佛を申して生きて往《ゆ》くという往生が成り立つのであります。

第四項は『**種々《しゅじゅ》に安慰《あんに》して、ために妙法《みょうほう》を説《と》き**』ですが、善導さまの釈文では「善人安慰《ぜんにんあんに》して教《おし》えて佛《ぶつ》を念《ねん》ぜしむることを明《あ》かす」と申されています。経文では『**妙法《みょうほう》を説《と》き**』となっていますが、それを善導さまは「佛を念ぜしむること」なのだと、一歩進んで阿弥陀如来を憶念しなさいと、いろいろと安堵と慰めの言葉を添えながら如来の大いなる慈悲と深い智慧を説かれたのでありましょう。それには佛を念ずることだと諄々《じゅんじゅん》とねんごろに説かれたのであります。

ところが、佛の妙法を聴聞することは駄目だったのです。佛を憶念することは無理だったのです。

第五項は『⑤教《おし》えて念佛《ねんぶつ》せしむるに遇《あ》わん』と経文にはあるのですが、善導さまの釈文は「⑤罪人死苦来《ざいにんしくきた》り逼《せ》めて、佛名《ぶつみょう》を念《ねん》ずるに由《よし》なきことを明《あ》かす」と申されているのです。

「死苦」とあります。精神的には死の不安であり、肉体的には死に至る痛苦であります。その激しい苦しみのなかで、佛の名を心に憶念する余裕はないと言われているのです。この釈文は経文には説かれていないことを申されているのです。次の第六項の経文を先きどっての釈文ですね。

想像するのですが、善導さまのこの釈文は体験から申されているのだと思います。死苦に逼《せ》められている者に、念佛の功徳を諄々《じゅんじゅん》と説いても安慰《あんい》するようなものではない、そんな余裕なんてあるものでないことを何度も体験されているからこその釈文なんだと思います。善導さまは単なる机上の学者ではなく、現実、死苦にあえぐ大衆の断末魔を何度となく体験されたところから申されているのですね。死苦に逼《せ》められる者にとって、人間の安慰《あんに》の言葉が如何に届かないかを実践の上から骨身に徹してあって「佛名《ぶつみょう》を念《ねん》ずるに由《よし》なきことを」知りつくしてあったところからの釈文なんでありましょう。人間の言葉が無意味だといっているのではありません。しかしわれらは人間の思考や言葉の限界を知らねばならぬと思います。「あなた黙って。あなたの言葉が聞こえるために」と言ったのはピカートでした。ときに、沈黙は言葉にまさるのです。南無阿弥陀佛は五劫の思惟、兆載永劫の永く深い沈黙の行をくゞってはじめて発せられた佛言なのです。

第六項の経文は『⑥**この人《ひと》、苦《く》に逼《せ》められて念佛《ねんぶつ》するに遑《いとま》あらず。善友《ぜんぬ》、告《つ》げていわく〈汝《なんぢ》もし念《ねん》ずるあたはずは、当《まさ》に無量寿佛《むりょうじゅぶつ》を称《しょう》すべし〉と**』で、釈文は「善友《ぜんぬ》苦《くる》しみて失念《しつねん》すと知《し》りて、教《きょう》を転《てん》じて口《くち》に弥陀《みだ》の名号《しょうごう》を称《しょう》せしむることを明《あ》かす」です。

ふりかえって第四・第五項では『④**種々《しゅじゅ》に安慰《あんに》して妙法《みょうほう》を説《と》き**⑤**教《おし》えて念佛《ねんぶつ》**

せしむるに遇《あ》わん』だったのです。下・下の人々に、いろいろと安らぎを与へ慰《なぐ》めて阿弥陀佛の慈悲を説き、阿弥陀佛を憶念するように教えてきたのです。ところが第六項になりますと、もはやその教えも間にあわなくなったのです。

「ここをもって如来《にょらい》の本願《ほんがん》を説《と》きて経《きょう》の宗致《しゅうち》とす。即《すなは》ち佛《ぶつ》の名号《みょうごう》をもって経《きょう》の体《たい》とするなり（聖典一三五頁）」に、まちがいがあるというのではありません。「それ真実《しんじつ》の教《きょう》を顕《あらわ》さば、則《すなは》ち大無量寿経《だいりょうむじゅきょう》これなり（同頁）」とあるところですので、大無量寿経に説かれる如来の本願がこの経典の魂であり、その体が南無阿弥陀佛であることにちがいはないのですが、もはや死苦のために失念してしまった下・下の人々であることを知ってみれば、そんな悠長な経典の縁由を説き教える遑《いとま》などあろうはずもないのです。

教えは転じられなくてはならないのです。憶念の念佛から称名の念佛へと教えは転じられなくてはならないのです。

そこに『善友《ぜんぬ》、告《つ》げていわく〈汝《なんぢ》もし念ずるあたはずは、当《まさ》に無量寿佛《むりょうじゅぶつ》を

称《しょう》すべし〉と』釈文は「教えを転じて、口に弥陀の名号を称せしむることを明かす」と善導さまはいうのです。口で称《とな》える念佛、称名《しょうみょう》です。この経言を、広瀬杲《たかし》師は「釈尊自身の祈りだ」と申され、「釈尊自身が言葉を失ったのだ（観経四帖疏講義散喜義Ⅲ・一四六五頁）」と申されています。

序分にもありましたね。韋提希が釈尊にくってかかるところがありましたでしょう。

『世尊《せそん》、われむかし、なんの罪《つみ》ありてかこの悪子《あくし》を生《しょう》ずる。世尊《せそん》また、なんらの因縁《いんねん》ましましてか、提婆達多《だいばだった》とともに眷属《けんぞく》たる（聖典九〇頁）』と。

これについて、経文の上では釈尊自身なんの言葉もなかったのです。善導さまは、この彼女の陳訴《ちんそ》を聞かれて「ここに佛《ぶつ》、浄土《じょうど》の無生《むしょう》なるを説《と》きたまふを聞《き》きて（彼女は）穢身《えしん》を捨《す》ててかの無爲《むい》の楽《らく》を証《しょう》せんと願《がん》ずることを明かす（七祖三七三頁）」とありますから釈尊の言葉がなかったわけではないと申されるでしょうが、経典の上では、韋提希のこの訴えには沈黙されたままです。

こんなとき、人は名前をよぶのではないでしょうか。釈尊が、もしもこの下・下の人の前におられたら、善友《ぜんぬ》が『**もし念《ねん》ずるあたはずは、無量寿佛《むりょうじゅぶつ》を称《しょう》すべし**』といわれたとおり釈尊もまた念佛申されたにちがいないと思います。戦争中、戦死していく兵士が両親や恋人の名を呼んだようにです。

第七項に移ります。『⑦**かくの如《ごと》く心《こころ》を至《いた》して、声《こえ》をして絶《た》えざらしめて、十念《じゅうねん》を具足《ぐそく》して南無阿弥陀佛《なもあみだぶつ》を称《しょう》せしむ**』です。釈文は「念数《ねんじゅ》の多少《たしょう》、声々《しょうしょう》間《ひま》なきことを明《あ》かす」です。

「念数《ねんじゅ》の多少《たしょう》」については、この「多少」の左訓に「オホクモスナクモ（加点篇・二〇九頁）」と申されていますので、多少を選ばずということでしょう。『一念多念文意』でも、「一念多念《いちねんたねん》のあらそひをなすひとをば、異学《いがく》・別解《べつげ》のひと（自力のひと）と申すなり（聖典六八八頁）」といわれ、「たえぬこころなり、をりにしたがうて、ときどきもねがへといふなり。（聖典六七七頁）」といわれていますから多も少も、一念も多念も同じことです。一念の念佛も多念の念佛も、つまりは往生浄土の道が只今成就したことを明かしたことにちがいはないのです。曇鸞さまは、往生の業事《ごうじ》が成弁《じょうべん》したことを明かしたのだ（聖典三〇一頁・意）といわれています。

　第八項に移りますが、経文は『**佛名《ぶつみょう》を称《しょう》するが故《ゆゑ》に、念々《ねんねん》の中《なか》において八十億劫《はちじゅうおくこう》の生死《しょうじ》の罪《つみ》を除《のぞ》く**』で、釈文は「⑧罪《つみ》を除《のぞ》くこと多劫《たこう》なることを明《あ》かす」と申されています。

　ところが、下・上で、われらは段四段第六項で『⑥**佛名《ぶつみょう》を称《しょう》するが故《ゆゑ》に、五十億劫《ごじゅうおくこう》の生死《しょうじ》の罪《つみ》を除《のぞ》く**』を学んだばかりなんです。どうなのでしょう。ちがいは何処にあるのかが少々気になるところです。いろいろと考えてみたのですが、わかりません。あるとき、ふと善導さまの疏文を読んでいましたら、下・上の『**五十億劫《ごじゅうおくこう》の罪《つみ》を除《のぞ》く**』を注釈なさるところで「弥陀の名を称するをもっての故に罪を除くこと五百万劫なることを明かす」とあるのを読んで、ひとり笑ったことです。

善導さまがうっかり読みちがわれたのかと思いましたが、案外意識して「五百万劫」とあえて書かれたのか、もしかしたらこんな数字に迷ってはならないぞとの忠告かと思ったりしてみました。八十億劫だって五百万劫だって、われら凡夫には到底想像もできない長い時間です。満数など云って意味ありげに辻褄あわせても、どうなるものでもありません。そんなところで納得したことであります。

善導さまは、観経四帖疏の最終のご文のところで「一句《く》一字《じ》加減《かげん》すべからず。写《うつ》さんと欲《ほっ》するものは、もっぱら経法《きょうぼう》のごとくすべし。知《し》るべし（七祖五〇四頁）」で強く結んでおられるのですが、反面平気で経文の**『五十億劫《ごじゅうおくこう》の生死《しょうじ》の罪《つみ》を除《のぞ》く――下・上』**を「罪を除くこと五百万劫なることを明かす」と言われているのです。

これは「大智度論」にいわれる「義《ぎ》に依《よ》りて語《ご》に依《よ》らざるべし（乃至）義《ぎ》は語《ご》にあらざるなり（乃至）人語《ひとかた》りていわん、〈われ指《ゆび》をもって月《つき》を指《おし》ふ、汝《なんぢ》をしてこれを知《し》らしむ、汝《なんぢ》なんぞ指《ゆび》を看《み》て、しかうして月《つき》を視《み》ざるや〉と。これまたかくのごとし。語《ご》は義《ぎ》の指《ゆび》とす。語《ご》は義《ぎ》にあらざるなり。これをもっての故《ゆゑ》に、語《ご》に依《よ》るべからず。（聖典四一四頁）」といわれるところでありましょう。まぁ、善導さまの面目躍如たるところであります。

第九項でありますが経文は『**⑨命終《いのちおわ》るとき金蓮華《こんれんげ》を見《み》るに、なほ日輪《にちりん》の如《ごと》くしてその人《ひと》の前《まえ》に住《じゅう》せん**』です。それを善導さまは、「臨終正念《りんじゅうしょうねん》にして即《すなは》ち金華来応《こんけらいおう》することあることを明《あ》かす」と釈されています。

第十項でありますが、経文は『**⑩一念《いちねん》の頃《あひだ》の如《ごと》くに即《すなは》ち極楽世界《ごくらくせかい》に往生《おうじょう》することを得《う》。**』です。そして、その疏文は「去事《こじ》の遅疾《ちしつ》、直《ただち》に所帰《しょき》の国《くに》に到《いた》ることを明《あ》かす」と釈されてこの第四段は終っているのです。

ところで、この第四段を善導さまが解説されるにあたって、「四に『**①如此愚人《にょしぐにん》＝かくの如きの愚人**』より下《しも》『**⑧生死之罪《しょうじしざい》＝生死《しょうじ》の罪《つみ》**』に至《いた》るこのかたは、まさしく法《ほう》を聞《き》き佛《ぶつ》を念《ねん》じて、現益《げんやく》を蒙《こうむ》ることを得《う》ることを明《あ》かす。即《すなは》ちその十あり。（七祖四九五頁）」といわれているのですから、指定された経文は第八項の『**八十億劫《はちじゅうおくこう》の生死《しょうじ》の罪《つみ》を除《のぞ》く**』までになるわけです。しかし、善導さまは「即ちその十あり」といわれて、第十項の最後の経文である『**即得往生《そくとくおうじょう》、極楽世界《ごくらくせかい》＝即《すなは》ち極楽世界《ごくらくせかい》に往生《おうじょう》することを得《う》**』までを逐次に順々と説かれてあるのです。

ちょっとおかしいですね。

一番、簡単のは、『①**かくの如《ごと》きの愚人《ぐにん》**』から『⑩**即《すなは》ち極楽世界《ごくらくせかい》に往生《おうじょう》することを得《う》**』までと書かねばならなかったところを、うっかり『⑧**生死《しょうじ》の罪《つみ》**』と書きまちがえられたのであると理解すれば、「即ちその十あり」ともあることだし、ことは済むわけです。

でも、はたしてそれですむことなのか。単に善導さまの書きまちがいですませていいものか。これは、のちの話題にしてみたいのですが、いかがでしょう。

それにしても、まずは私の考えをのべて話題の枕にしてください。

まず、第四段の総説ともいうべき「まさしく法《ほう》を聞《き》き佛《ぶつ》を念《ねん》じて、現益《げんやく》を蒙《こうむ》ることを明《あ》かす。即《すなは》ちその十あり」に注目したいのです。三つあります。一つは法を聞くこと。二は念佛すること。三つは現益《げんやく》を蒙ること。

第一項から第六項までが、聞法です。法を聞くこと。

第七項が念佛。それもただ佛を憶念するのでなくて南無阿弥陀佛と称名すること。

第八項から第十項までが現益を得ること。その現生の利益の基本というか、基定となるのが「生死の罪を除く」とある第八項です。第九項は臨終のとき日輪のような金色の蓮華が下・下の人を迎えに来てその人の前に止まり極楽世界に即得往生して命果てるのです。これが善導さまが申される「現益《げんやく》を蒙《こうむ》る」ということではないか。

総説の三つの事柄の中で善導さまが一番、ありがたくいただかれたのは『念々《ねんねん》の中《なか》において八十億劫《はちじゅうおくこう》の生死《しょうじ》の罪《つみ》を除《のぞ》く』ということであった、そしてその『念々《ねんねん》』は、称えるということであった、一称一称、声として称えることであったのです。「金華《こんけ》の来応《らいおう》」も「所帰《しょき》の国《くに》に到《いた》ること」も、『命終《いのちお》わるとき』の金華の来応であり、それは即ち時を待たずに極楽世界への往生であり、『八十億劫《はちじゅうおくこう》の

生死《しょうじ》の罪《つみ》を除《のぞ》く』ところから必然する金華であり浄土往生のゴール、成佛であったと領解するものです。第九項・第十項の源泉は称名による生死の罪が除かれるところにある、そこに善導さまの以上のような科文があったのだと思います。

罪障の自覚

第五段へまいりましょう。経文は『**蓮華《れんげ》の中《なか》にして十二大劫《じゅうにだいこう》を満《み》てて、蓮華《れんげ》まさに開《ひら》く**』です。それに対する善導さまの釈文は「まさしく第十門《だいもん》の中《なか》の、彼処《かしこ》に到《いた》りて華開《はなひら》くる遅疾《ちしつ》の不同《ふどう》を明《あ》かす。」

含華未出《がんけみしゅつ》＝華に含まれて未だ出でず＝の問題ですね。

含華未出については上・上を除く上・中以下の八品には、華が開ける時間の差は、一夜だけのものもあり、一日一夜もあり、七日間と短いのですが、下輩観になりますと含華未出の時間が増えてきまして、下・上で四十九日となり、下・中では六劫となり、下・下では『十二大劫《じゅうにだいこう》を満《み》てて蓮華《れんげ》まさに開《ひら》く』と云い、とてつもない間、華に含まれて十二大劫を経《へ》ないと華が開かないわけです。疑惑和讃の「宮殿のうちに五百歳」は大無量寿経の下巻の智慧段にあるもので、『この諸《もろもろ》の衆生《しゅじょう》、かの宮殿《くでん》に生《うま》れて寿《いのち》五百歳《ごひゃくさい》、常《つね》に佛《ぶつ》を見《み》たてまつらず、経法《きょうぼう》を聞《き》かず、菩薩《ぼさつ》・声聞《しょうもん》の聖衆《しょうじゅ》を見《み》たてまつらず。（聖典七六～七七頁）』に拠《よ》っているのです。第二十願成就文にあたる経文で、下・下の『十二大劫《じゅうにだいこう》』と『五百歳《ごひゃくさい》』とのちがいを気にすることはないでしょう。まさに満数と考えればいいことです。つまり信心における佛智疑惑の問題で、「かしこに到《いた》りて華開《はなひら》くる遅疾《ちしつ》の不同《ふどう》を明《あ》かす。（七祖四八八頁）」というものです。「かしこに到《いた》りて」といわれるのですから、この世の話ではない、広瀬杲師の言葉を借りるならば「それは別に佛の用《はたら》きを客観的な事実として疑うとか疑わないとかいうことでなくして、佛の絶対の用きの中にありながら、自己がその佛の用きに乗托し得ない存在としてあったという深い存在の懺悔が「かしこに到りて」ということで押えられる罪の問題（観経四帖疏議・

散善義Ⅲ・一四七七頁)」です。乗托しながら乗托の覚醒《めざめ》の欠除です。その懺悔はそのまま謝念となって『十二大劫《じゅうにだいこう》を満《み》てて、蓮華《れんげ》まさに開《ひら》く』のです。懺悔と感謝の『十二大劫』です。第二十願の自覚こそ第十八願への転入であります。まさに、「果遂《かすい》の誓《ちかい》(第二十願)、まことに由《ゆえ》あるかな(聖典四一三頁)」であります。

だから、次の第六段に移るのは至極当然のことでありますね。つまり、第五段の『蓮華《れんげ》まさに開《ひら》く』ことから必然として生れてくる得益ですから。

開華のあとの利益

第六段の経文は『①観世音《かんぜおん》・大勢至《だいせいし》、大悲《だいひ》の音声《おんじょう》をもって、それがために広《ひろ》く諸法実相《しょほうじっそう》・罪《つみ》を除滅《じょめつ》するの法《ほう》を説《と》く。②聞《き》きをはりて歓喜《かんぎ》し、③時《とき》に応《おう》じて即《すなは》ち菩提《ぼだい》の心《しん》を発《おこ》さん』です。

釈文は「まさしく第《だい》十一門《もん》の中《なか》の、華開以後《けかいいご》の得益《とくやく》に異《こと》なることあることを明《あ》かす。即《すなは》ちその三あり。
（一）二聖《しょう》（観音・勢至）、ために甚深《じんじん》の妙法《みょうほう》を宣《の》べたもうことを明《あ》かす。
（二）罪《つみ》を除《のぞ》きて歓喜《かんぎ》することを明《あ》かす。
（三）後《のち》に勝心《しょうしん》（菩提心）を発《おこ》すことを明《あ》かす。」です。

この第六段は十一門の最後の第十一門として上・上を除く八品のすべてに、華が開けてのちの利益を得ることを明かしたところです。九品ともにそれぞれ得益のちがいが説かれていますけれども、要するに慈悲の象徴である観音と、智慧の象徴たる勢至、あわせて申せば内に智慧を包んだ如来の大慈悲、すなわち「甚深《じんじん》の妙法《みょうほう》」が説かれていることが第一です。その妙法を聞くということ、聞法ということ、それも『十二大劫《じゅうにだいこう》を満《み》てて』といわれるのですから、それほどの罪業の自覚ということを転換点として聞法するという身になる。契機といったらいいか、それがバネとなって聞法する道を歩む身となるのでしょう。歩むといっても信順と疑謗と因縁として、如来の本願力回向の南無阿弥陀佛にうなづき、称えていくのですね。

『諸法実相《しょほうじっそう》』とか『罪《つみ》を除滅《じょめつ》するの法《ほう》』と経文でいわれる言葉については、善導さまは「甚深《じんじん》の妙法《みょうほう》」と申されているだけで何にも他に解説はないのですが、南無阿弥陀佛を称えることが、それらの経文の意味するところと理解されていいと思います。下・下の人々が生前に善知識のすすめで『十念《じゅうねん》を具足《ぐそく》して南無阿《なもあ》弥陀佛《みだぶつ》を称《しょう》せしむ』とありましたね。そして命が終ったのですが、『十二大劫《じゅうにだいこう》を満てて、蓮華《れんげ》まさに開《ひら》き、『観世音《かんぜおん》、大慈悲《だいじひ》の音声《おんみょう》をもって、それがために広《ひろ》く諸法実相《しょほうじっそう》・罪《つみ》を除滅《じょめつ》する法《ほう》を説《と》く』といわれるのは南無阿弥陀佛の始源と成就の意義を説かれたのであるにちがいありません。なぜなら『この人苦《ひとく》に逼《せ》められて念佛《ねんぶつ》するに遑《いとま》あらず』だったのですから『汝《なんぢ》、もし念《ねん》ずるあたわずは、当《まさ》に無量寿佛《むりょうじゅぶつ》を称《しょう》すべし』と言われて、とにもかくにも念佛を十ぺん称えただけで、何故念佛を称えるなどの理由を聞くひまはなかったわけですから、なぜ称えるのか?その理由を説くひまもなかったわけです。遑《いとま》はなかったわけです。命終って十二劫を経て、華が開きましてから、ようやく心の余裕もできて、二聖から何故、南無阿弥陀佛の称名をすすめられたのかを聞くことができたのです。それが『**諸法実相《しょほうじっそう》・罪《つみ》を除滅《じょめつ》するの法《ほう》**』だったのです。『②**聞《き》き已《をは》りて歓喜《かんぎ》し**』したのは当然のことだったのです。疏文「②罪《つみ》を除《のぞ》きて歓喜《かんぎ》することを明《あ》かす」と解説されたのも、充分にうなづくことができます。

『**諸法実相《しょほうじっそう》**』につきましては『佛教語大辞典』によりますと、①すべての存在のありのままの真実のすがた。すべてのものの真実《しんじつ》究《く》竟《きょう》のすがた。②中国の天台宗以後「諸法は実相なり」と読解することが行なわれたとあります。現象としてのあらゆる存在は、そのまま真実在のあらわれであると。

そして、その解説によりますと、佛教の真理をさすことばの一つであり、大乗佛教を一貫する根本思想であるが、その意義は一定していないといわれ、三論集、天台宗、日

蓮宗、禅宗の諸説を述べられたあと、真宗では「真如の理を諸法実相とし、南無阿弥陀佛の名号を実相法とよぶ」と解説されています。

そうとすれば『諸法実相《しょほうじっそう》・罪《つみ》を除滅《じょめつ》するの法《ほう》を説《と》く』というのは、大経の『**聞《もん》其名号《ごみょうごう》、信心歓喜《しんじんかんぎ》、乃至一念《ないしいちねん》。至心回向《ししんえこう》。願生彼国《がんしょうひこく》、即得往生《そくとくおうじょう》、住不退転《じゅうふたいてん》。唯除五逆《ゆいじょごぎゃく》、誹謗正法《ひほうしょうぼう》＝其《そ》の名号《みょうごう》（南無阿弥陀佛《なもあみだぶつ》）を聞《き》きて、信心歓喜《しんじんかんぎ》せんと乃至一念《ないしいちねん》せん。至心《ししん》に回向《えこう》したまへり。彼《か》の国《くに》に生《うま》れんと願《がん》ずれば、即《すなは》ち往生《おうじょう》を得《え》、不退転《ふたいてん》に住《じゅう》せん。唯《ただ》五逆《ごぎゃく》と正法《しょうぼう》を誹謗《ひほう》するものをば除《のぞ》く**＝聖典四一頁』を説かれるということであります。つまり、南無阿弥陀佛の名号をいただけば、如来は真実の心を用《もち》いてくださるのであるから、かの浄土に生れようと願うことで即刻、往生浄土の道を歩む身となり、再び裟婆世界に退転することのない身となるのである。ただ五逆罪をおかし佛の正法を誹謗したものは除かれるとあるが、もはや抑止門《おくしもん》で学びました五逆罪を犯した者も、正法を誹謗したものも「回心《えしん》してみな往《ゆ》く（聖典三〇三頁・「法事讃」―善導作）」のであります。とともに、あらゆる罪障をひるがえして功徳と転換してくださるみ法《のり》が説かれるのです。

曇鸞さまの功徳を讃えられた和讃を引用しておきましょう。

罪障功徳の体となる
こほりとみづのごとくにて
こほりおほきにみづおほし
さはりおほきに徳おほし（聖典五八五頁）

罪障が消去されてしまうというより、ひるがえされるのです。転換されるのです。それを善導さまは「甚深《じんじん》の妙法《みょうほう》」であり、釈文の第二項の「罪を除きて歓喜することを明かす」といわれるのです。

次の第二項は、経文の『**聞き已《をは》りて歓喜し**』であり、釈文は「罪《つみ》を除《のぞ》きて歓喜《かんぎ》することを明《あ》かす」ですが、これは引用しました大無量寿経下巻はじめの『**聞其《もんご》名号《みょうごう》。信心歓喜《しんじんかんぎ》＝その名号《みょうごう》を聞きて信心歓喜《しんじんかんぎ》せん**』に当るところです。「罪を除きて」というのは、もはやご理解のことと思いますが、罪の自覚が罪に沈んでしまうことではなくて、聞法によってひるがえって、遇ひがたくして値い得た歓喜となるのです。

そして第三項が経文では『**時**《とき》**に応**《おう》**じて即**《すなは》**ち菩薩**《ぼだい》**の心**《しん》**を発**《おこ》**さん**』であり、釈文は「後《のち》に勝心《しょうしん》を発《おこ》すことを明《あ》かす」です。『**時**《とき》**に応**《おう》**じて即**《すなは》**ち**』ですから、前の『**聞**《き》**き已**《をは》**りて歓喜**《かんぎ》**し**』の経文に時をおなじくし即刻つながる経文ですよ。そう読みますと、釈文の「後《のち》に」は、ちょっと引っかかる言葉です。

大経の伏線としての下・下品

もはや、下・下の第六段を以上のように読むことができますならば、善導さまの『観経疏』の下敷きには大無量寿経の教意があってはじめて可能であったことが明らかになると思われます。もちろん、下・下の第六段は華が開いて以後の得益であったにしろ、つまり命終のあと『**十二大劫**《じゅうにだいこう》**を満**《み》**てて**』のことであったにしろ、その得益の内容は、まさに大無量寿経によって親鸞さまがいただかれた現生十種の利益の中の転悪成善《てんあくじょうぜん》の利益であり、心多歓喜《しんたかんぎ》の利益であり、諸佛護念《しょぶつごねん》の利益であり、正定聚に入る利益の伏線をなすものではないでしょうか（聖典二五二頁参照）。

親鸞さまが、善導さまの行績を讃嘆されまして、

善導大師証《ぜんどうだいししょう》をこひ
定散二心《じょうさんにしん》をひるがえし
貪瞋二河《とんじんにが》の譬喩《ひゆ》を説《と》き
弘願《ぐがん》の信心守護《しんじんしゅご》せしむ（聖典五九〇頁）

と、作歌されました趣意は、観無量寿経が、「方便・真実の教」であることを、中国・唐時代に輩出された諸学僧の観経の領解に対して、観経の真精神を宣揚し守護された和讃であります。

観無量寿経は、その正宗分（本論）にあるように、定善と散善が説かれた経

典であります。「しかるに常没《じょうもつ》の凡愚《ぼんぐ》、定心修《じょうしんしゅ》しがたし（聖典三九三頁）」であり、その故は「息慮凝心《そくりょぎょうしん》（慮《おもんばかり》を息《や》めて心《しん》を凝《こ》らす）」だからであります。また同じく「散心行《さんしんぎょう》じがたし（同）」であり、その故は「廃悪修善《はいあくしゅぜん》（悪を廃して善を修む）」だからであります。「ここをもって立相住心《りっそうじゅうしん》（佛の相好《そうごう》や浄土の事相《すがた》を観じて心を一つのところに住《とど》めること）なお成《じょう》じがたきが故《ゆゑ》に（善導大師のいわく）〝たとひ千年《せんねん》の寿《じゅ》を尽《つく》すとも、法眼《ほうげん》いまだかつて開《ひら》けず（七祖四二七頁）〟といへり。いかにいわんや無相離念《むそうりねん》（浄土の事相・佛の相好を観ぜず、真如法性の理を直接に観ずること）まことに獲《え》がたし。故《ゆゑ》に、（善導大師いわく）〝如来《にょらい》はるかに末代罪《まつだいざい》濁《じょく》の凡夫《ぼんぶ》を知《し》ろしめして、相《そう》を立《た》て心《しん》を住《じゅう》すとも、なほ得《う》ることあたわじと、いかにいわんや、相《そう》を離《はな》れて事《じ》を求《もと》めば、術通《じゅっこう》なき人《ひと》の空《くう》に居《い》て舎《しゃ》を立《た》てんがごときなり（七祖四三三頁）〟と。」

この引用文は、善導さまの疏文にある言葉であります。親鸞さまは、善導さまの文を引用されることで、無相離念はもちろんのこと立相住心すらも、末代罪濁の凡夫については、ちょうど虚空に家を建てるようなもんだと、批判してあるのです。

われらは、観無量寿経こそが、聖道門佛教を理観として批判し、観無量寿経の指方立相・立相住心の事観こそが浄土門佛教の真髄であり末法濁世の凡夫にふさわしい時代に相応する経典であると学んでまいりました。

しかしながら下・下品を学ぶにいたり、善導さまも親鸞さまも、観無量寿経は真実の教えに至る方便の教門（要門）であることに頷《うなず》かれた経典であることにはちがいないと思われます。

なぜなら、もはや下・下品を学ぶに至りまして、第四段の第四項～第七項のところに、『種々《しゅじゅ》に安慰《あんに》して、ために妙法《みょうほう》を説《と》き、教《おし》えて念佛《ねんぶつ》せしむるに遇《あ》わん。この人《ひと》、苦《く》に逼《せ》めらて念佛《ねんぶつ》するに遑《いとま》あらず。善友《ぜんぬ》、告《つ》げていはく〈汝《なんぢ》もし念《ねん》ずるあたはずは、当《まさ》に無量寿佛《むりょうじゅぶつ》を称《しょう》すべし〉と。かくの如《ごと》く心《こころ》を至《いた》して、声《こえ》をして絶《た》えざらしめて、十念《じゅうねん》を具足《ぐそく》して南無阿弥陀佛《なもあみだぶつ》と称《しょう》せしむ』と説かれる経言は、表現のちがいこそあれ、大無量寿経の教説を彷彿と思い起させるものであります。

また第六段の経文の『**観世音《かんぜおん》、大勢至《だいせいし》、大悲《だいひ》の音声《おんじょう》をもって、それがために広《ひろ》く諸法実相《しょほうじっそう》・罪《つみ》を除滅《じょめつ》するの法《ほう》を説《と》く。聞《き》き已《をは》りて歓喜《かんぎ》し、時《とき》に応《おう》じて即《すなは》ち菩薩《ぼだい》の心《しん》を発《おこ》さん**』は、親鸞さまが教えてくださる種々の利益を、命終後ではありますものの、教えられる経文であります。

もちろん、このことは次に学びます『流通分』におきまして『**佛《ぶつ》、阿難《あなん》に告《つ》げたまはく、「汝《なんぢ》、よくこの語《ご》を持《たも》て。この語《ご》を持《たも》てといふは、即《すなは》ちこれ無量寿《むりょうじゅ》佛《ぶつ》の名《みな》を持《たも》てとなり」と**（聖典一一七頁）』と申されるところで明らかになるのでありますが、もはやその意味は具体的に下・下品において教えられるところであります。

下・下品は、このようにして最後の経文として、第七段『**これを下品下生《げぼんげしょう》のものと名《な》づく。これを下輩生想《げはいしょうそう》と名《な》づけ、第十六観《だいじゅうろくかん》と名《な》づく**（聖典一一六頁）』と結ばれて、善導さまの科文としては、これまでを「正宗分」と名づけられているのであります。

そして下輩観の結論ともいうべき「総讃」をもって善導さまは「正宗分」を終ってありますので、それを読みまして終りにいたします。

下輩《げはい》は下行《げぎょう》下根《げこん》の人《ひと》なり
十悪《あく》・五逆《ぎゃく》等《とう》の貪瞋《とんじん》と
四重《しじゅう》と偸僧《ちゅうそう》と謗正法《ほうしょうほう》と
未《いま》だ曽《か》って慚愧《さんぎ》して前《さき》の愆《とが》を悔《く》いず
終時《じゅうじ》に苦相《くそう》、雲《くも》の如《ごと》くに集《あつま》り
地獄《じごく》の猛火罪人《みょうがざいにん》の前《まへ》にあり
忽《たちま》ちに往生《おうじょう》の善知識《ぜんぢしき》の
急《きゅう》に勧《すす》めて専《もっぱ》ら彼《か》の佛《ぶつ》の名《な》を称《しょう》せしむるに遇《あ》ふ。
化佛《けぶつ》・菩薩声《ぼさつこえ》を尋《たず》ねて到《いた》りたまふ

一念心《いちねんしん》を傾《かたむ》くれば宝連《ほうれん》に入《い》る
三華《さんけ》障《さは》り重《おも》くして多劫《たこう》に開《ひら》く
時《とき》に始《はじ》めて菩提《ぼだい》の因《いん》を発《おこ》す（七祖四九六頁）

下・下まで学びましたので、意味はむつかしくないと思いますが、語句の解釈をしておきます。

「貪瞋《とんじん》」は貪欲《どんよく》と瞋恚《しんに》のこと。「むさぼり」と「いかり」です。これに「愚痴《ぐち》」を加えて三毒の煩悩といい、代表的な煩悩です。「四重《しじゅう》」は「四重禁《しじゅうきん》」「四重罪」とも言い、普通殺生・邪淫・偸盗・妄語を指しています。

「偸僧《ちゅうそう》」は下・中に出てきました「僧祇物《そうぎもつ》」と「現前僧物《げんぜんそうもつ》」を盗むことです。「愆《とが》」は罪のこと。「三華」は下輩に出てくる三つの蓮華のことで、下・上では七・七日、つまり四十九日、下・中では六劫、下・下では十二大劫を経て華が開くので「多劫に開く」と言われる。「菩提の因」とは菩提心のこと。

このようにして「正宗分」が終るのですが、「正宗分」の結論として次の疏文を添えてありますので引用しておきましょう。

「前《さき》には十三観《がん》を明《あ》かしてもって『定善《じょうぜん》』となす。即《すなは》ちこれ韋提《いだい》（希）の致《ち》請《しょう》にして、如来《にょらい》（釈尊）すでに答《こた》へたまふ。後《のち》には三福《ぷく》・九品《ぼん》を明《あ》かして、名《な》づけて『散善《さんぜん》』となす。これ佛《ぶつ》（釈尊）の自説《じせつ》なり。定散両門《じょうさんりょうもん》ありて異《こと》なることありといへども、総《そう》じて正宗分《しょうしゅうぶん》を解《げ》しをはりぬ（七祖四九七頁）」と。もはや解説の必要もないですね。

今回はこれで終ることに致しましょう。

十一門	下・上	経文	疏文
		次に下品上生の位の中につきて、また先づ挙げ、次に弁じ、後に結す。即ちその九あり。	
1	佛の告命	（一）佛、阿難及び韋提希に告げ給わく	以下は、まさしく告命を明かす。
2	位の弁定	（二）「下品上生というは	「下品上生者」よりは、まさしくその位を弁定することを明かす。即ちこれ十悪を造る軽罪の凡夫人なり。
5 6	機の堪と不堪をえらぶ 苦楽の二法を受くる不同を明かす	（三）①あるいは衆生ありて②諸の悪業を作らん。③方等経典を誹謗せずといえども、④かくのごとき愚人、⑤多く衆悪を造りて慚愧あることなけん	まさしく第五門の中の簡機に一生以来の造悪の軽重の相を挙出《こすい》することを明かす。即ちその五あり。 ①総じて造悪の機を挙ぐ。 ②衆悪を造作することを明かす。 ③衆罪を作ると雖ども諸の大乗を誹謗ぜざるを明かす。 ④重ねて造悪の人を牒《てつ》して（示す）智者の類《たぐい》にあらず。 ⑤これらの愚人衆罪を造ると雖ども総じて愧心《きしん》を生せず。
7 8	修業の時節に延促、異なるを明かす 所修の行を所求の処に向う	（四）①命終らんとするとき、②善知識、③ために大乗十二部経の首題名字を讃ずるに遇わん。④かくのごときの諸経の名を聞くをもっての故に千劫の極重の悪業を除却す。⑤智者、復、教えて合掌・叉手して南無阿弥陀佛と称しせしむ。⑥佛名を称するが故に五十億劫の生死の罪を除く	まさしく造悪の人等、臨終に善に遇いて法を聞くことを明す。即ちその六あり。 ①命延、久しからざることを明かす。 ②忽ちに往生の善知識に遇うことを明かす。 ③善人、たまに衆経を讃ずることを明かす。 ④すでに経を聞く功力、罪を除くこと千劫なることを明す。 ⑤智者、教を転じて、弥陀の号《みな》を称念せしむることを明す。 ⑥弥陀の名を称するをもっての故に罪を除くこと五百万劫なることを明かす。

No.7

			（問）除罪の千劫と五百万劫の差別の由縁いかん？（意） （答）この人、障《さわ》り重く死苦迫るところ、多経説けども受法の心、浮散す。故に除罪やや軽し。佛名は専《もっぱら》一なれば散を摂《おさ》めて心を住《とど》む。名を正念に称すが故に心重く除罪多劫なり（意）
9	臨終の時、聖来りて迎接の不同と去時の遅疾を明かす	（五）①爾時《そのとき》、かの佛、即ち化佛・化観世音・化大勢至を遣わして行者の前に至らしめ、②〔化佛等の〕讃めていわく、③〈善男子、汝、佛名を称するが故に、諸の罪消滅す。我れ来りて汝を迎ふ〉と。④この語をなし已《おわ》りて、行者即ち化佛の光明のその室に遍満せるを見たてまつる。⑤見已りて歓喜して即便《すなは》ち命終る。⑥宝蓮華に乗じ、化佛の後《しりえ》に随いて宝池の中に生ず。	まさしく第九門の中の、終時の化衆の来迎と去時の遅疾。六あり。 ①まさしく名を称する時、弥《み》陀、化衆を遣《つかわ》して声に応じて来現したまう。②化衆すでに身現じて即ち同じく行人を讃ず。③所聞の化讃、ただ称名の功を述べ「我来りて汝を迎う」とのべ聞経の事を論ぜず。佛の願意は正念の称名をすすむ。往生の疾《と》きこと雑散《ぞうさん》の行に不同なり。この経の如く広く歎じ称名を勧む。正に要益となす。知るべし。④既に化衆の告を蒙《こうむ》り、即ち光明室に遍すを見る。⑤既に光照を蒙り報命尋ち終る。⑥華に乗じ佛に随い宝池の中に生ず。
10	華開の遅疾	（六）七七日を経て蓮華、乃ち敷《ひら》く。	正に第十門の中の彼処に到り華開《はなひら》くる遅疾の不同を明かす。
11	華開以後の得益の異なることとあることを明かす	（七）①華の敷くる時に当りて②大悲の観世音菩薩及び大勢至③大光明を放ちてその人の前に住して、ために甚深の十二部を説く。④聞き已りて信解して無上道心を発す。⑤十小劫を経て百法明門を具し初地に入ることを得。	正に第十一門の中の華開後の得益に異《こと》なることあるを明かす。即ち五あり。①観音等まず神光を放つ。②身・行者の宝華の側《ほとり》に赴《おもむ》く。③ために前生所聞の教を説く。④行者、聞き已りて領解し発心す。⑤多劫を経て百法の位に証臨《しょうりん》することを明かす。
	結語	（八）これを下品上生のものと名づく。	総じて結す。
	重ねて益を挙ぐ	（九）佛名法名を聞き及び僧名を聞くことを得。三宝の名を聞きて即ち往生を得」と。	重ねて行者の益を挙ぐ。ただ念佛のみ独り往生を得るにあらず。法・僧通念するもまた去《ゆ》くを得。上来九句の不同ありと雖ども、広く下品上生を解し已わりぬ。

次に下品中生の位の中につきて、また先づ挙げ、次に弁じ、後に結す。即ちその七あり

十一門	下・中	経文	疏文
1	佛の告命	(一)佛、阿難および韋提希に告げたまわく	以下は総じて告命を明かす。
2	位の弁定	(二)「下品中生というは	「下品中生者」よりは、まさしくその位を弁定することを明かす。即ちこれ破戒次罪の凡夫人なり。
5 6	機の堪と不堪とを明かす。 苦楽の二法を受くる不同を明かす。	(三)①あるいは衆生ありて②五戒八戒及び具足戒を毀犯せん。③かくの如きの愚人は、僧祇物を偸《ぬす》み、現前僧物を盗み④不浄説法して⑤慚愧あることなく⑥諸の悪業をもって自ら荘厳す。⑦かくの如きの罪人は悪業をもっての故に地獄に堕すべし。	まさしく第五・第六門の中の簡機と造業とを明かす。即ちその七あり。 ①総じて造悪の機を挙ぐることを明かす。 ②多くの諸戒を犯すことを明かす。 ③僧物を偸盗することを明かす。 ④邪命説法を明かす。 ⑤総じて愧心なきことを明かす。 ⑥衆罪を兼ね造り、内には心に悪を発し、外には即ち身口に悪をなすことを明かす。すでに自身不善なれば、また見るものみな憎む。故に「諸の悪心をもって自ら荘厳す」という。 ⑦この罪状を験《あきら》むるに定めて地獄に入るべきことを明かす。

No.8

9	臨終の時、聖来りて迎接する不同。地獄の衆火と善知識と。善悪の来迎。	（四）①命終らんとする時、②地獄の衆火、一時い倶に至る。③善知識の大慈悲をもって、④ために阿弥陀佛の十力威徳を説き、広くかの佛の光明神力を説き、亦、戒・定・慧・解脱・解脱知見を讃ずるに遇わん。⑤この人、聞き已りて八十億劫の生死の罪を除く。⑥地獄の猛火、化して清涼の風となり、諸の天華を吹く。⑦華の上にみな化佛・菩薩ましまして⑧この人を迎接す。⑨一念の頃のごとくに。	まさしく第九門の中の終時の善悪来迎することを明かす。即ちその九あり。 ①罪人の命延久しからざることを明かす。 ②獄火来現することを明かす。 ③火現ずる時、善知識に遇うことを明かす。 ④善人、ために弥陀の功徳を説くことを明かす。 ⑤罪人すでに弥陀の名号を聞きて即ち罪を除くこと多劫なることを明かす。 ⑥すでに罪滅を蒙りて、火変じて風となることを明かす。 ⑦天華風に随いて来応して目の前に羅列《られつ》することを明かす。 ⑧化衆来迎することを明かす。 ⑨去時の遅疾を明かす。
10	華開の不同	（五）即ち往生を得　七宝の池の中の蓮華のうちにして六劫を経。	まさしく第十門の中の、彼処に到りて華開くる時節の不同を明かす。
11	華開以後の得益の異なるを明かす。	（六）①蓮華、乃ち敷けん。華の敷くるときに当りて観世音・大勢至、梵音声をもって彼の人を安慰し、②ために大乗甚深の経典を説きたまう。③この法を聞き已りて、時に応じて即ち無上道心を発す。	まさしく第十一門の中の、華開以後の得益に異なることあることを明かす。即ちその三あり ①華すでに開けおわりて、観音等梵声をもって安慰することを明かす。 ②ために甚深の妙典を説くことを明かす。 ③行者、領解し発心（菩提心）することを明かす。
	結語	（七）これを下品中生のものと名づく」と。	総じて結す。上来七句の不同ありといえども、広く下品中生を解し竟りぬ。

次に下品下生の位につきて、まず挙げ、次に弁じ、後に結す。即ちその七あり。

十一門 下・下		経文	疏文
1	佛の告命	(一) 佛、阿難および韋提希に告げたまわく	以下は、総じて告命を明かす。
2	位の弁定	(二)「下品下生というは	「下品下生者」よりは、まさしくその位を弁定することを明かす。即ちこれ具さに五逆等を造れる重罪の凡夫人なり。
5 6	機の堪と不堪の不同 苦楽の二法を受く	(三) ①あるいは衆生ありて②不善業たる五逆・十悪を作り③諸の不善を具せん。④かくの如きの愚人⑤悪業をもっての故に悪道に堕し、⑥多劫を経歴して⑦苦を受くること窮まりなかるべし。	まさしく第五・六門の中の簡機と造悪の軽重の相を明かす。即ちその七あり。①造悪の機を明かす。②総じて不善の名を挙ぐ。③罪の軽重を簡ぶ。④総じて衆悪を結して智人の業にあらず。⑤悪業を造る事《こと》多ければ罪また軽からず。⑥業、その報を受け、因、その果を受く。因業これ楽にあらず、果報、焉《いづくん》ぞ能《よ》く苦ならざらんや。⑦造悪の因すでに具して酬報《しゅうほう》の劫いまだ窮《きわ》まざることを明かす。 ※次に抑止門あれど省略
7 8	修業の時節の述促の異なることを明かす。 所修の行を回して所求の処	(四) ①かくの如きの愚人②命終らんとする時に臨みて③善知識の④種々に安慰して、ために妙法を説き、⑤教えて念佛せしむるに遇わん。⑥この人苦に逼《せ》められて念佛するに遑《いとま》あらず。善友、告げていわく〈汝、もし念ずるあたわずば当に無量寿佛を称すべし〉と。⑦かくの如く心を至して声をして絶えざらしめて、十念を具足して南無阿弥陀佛を称せしむ。⑧佛名を称するが故に、念々の中において八十億劫の生死の罪を除く。⑨命終るとき金蓮華を見るに、	まさしく法を聞き佛を念じて現益を蒙ることを得ることを明かす。すなわちその十あり。 ① 重ねて造悪の人を牒することを明かす。 ② 命延久しからざることを明かす。 ③ 臨終に善知識に遇うことを明かす。 ④ 善人安慰して教へて仏を念ぜしむることを明かす。 ⑤ 罪人死苦来り逼《せ》めて、仏名を念ずることを得るに由しなきことを明かす。 ⑥ 善友苦しみて失念すと知りて、教を転じて口に弥陀の名号を称せしむることを明かす。 ⑦ 念数の多少、声々間《ひま》なきことを明かす。

	9	10	11	
	に向うことを明かす。臨終の時、聖来りて迎接したまふ不同と、去時の遅疾とを明かす。	華開の遅疾の不同	華開以後の得益、異あることを明かす。	結語
	なお日輪の如くしてその人の前に住せん。⑩一念の頃《あいだ》の如くに即ち極楽世界に往生することを得。	（五）蓮華の中にして十二大劫を満てて、蓮華まさに開く。	（六）①観世音、大勢至、大悲の音声をもって、それがために広く諸法実相・罪を除滅するの法を説く。②聞き已りて歓喜し、③時に応じて即ち菩提の心を発さん。	（七）これを下品下生のものと名づく。これを下輩生想と名づけ、第十六の観と名づく」と。
	⑧罪を除くこと多劫なることを明かす。 ⑨臨終正念にして即ち金華来応することあることを明かす。 ⑩去事の遅疾、ただちに所帰の国に到ることを明かす。	まさしく第十門の中の彼処に到りて華開くる遅疾の不同を明かす。	まさしく第十一門の中の、華開以後の得益に異なることあることを明かす。即ちその三あり。 ①二聖、ために甚深の妙法の宣《の》べたもうことを明かす。 ②罪を除きて歓喜することを明かす。 ③後に勝心（菩提心）を発すことを明かす。	総じて結す。上来七句の不同ありといえども広く下品下生を解し竟りぬ。

『仏説観無量寿経』科文

『註釈版』頁

（尚、頁は『浄土真宗聖典（註釈版）』によっています）

編集後記

群萌叢書、第二十二巻『下輩の機類』をお届けいたします。引き続きのご購読ありがとうございます。講読の会も、一九九一年十月に始まって以来、十五年の歳月を経て、二〇〇五年四月、『観無量寿経』の講読を終了することができました。今後は、講読シリーズの出版を完結させるため、事務局としても努力していく所存ですので、読者のみなさまには、引き続きご期待ください。

今回も永田文昌堂永田　悟さまには引き続き出版を快くお引受けいただき、表紙とカットを折口浩三さまにお願いいたしました。ありがとうございました。

（群萌学舎事務局）

「群萌学舎」

◇名　称　・群萌学舎（ぐんもうがくしゃ）

◇目　的　・親鸞聖人の教えに学び、現代社会のかかえている諸問題を考える。

◇活　動　・継続的に聖典を講読していく。（年、数回の講読会をもつ）

　・一月下旬　・六月～七月

・講義の内容を冊子にする。

・その他

◇会　員　・趣旨に賛同くださる方。

◇会　費　・維持会員　年間会費　二五、〇〇〇円（年二回の講読料、本各二冊）

　・講読の会は随時参加。

◇会　場　・備後教区内の会員のお寺、または適当な会場。

◇会の運営　・世話人と事務局で運営。会計は年一回報告。

◇世話人　季平恵海・不二川公勝・高橋了融・奥村宏道・田坂英俊・季平博昭・小武正教

◇事務局　〒七二二-〇二一五　広島県尾道市美ノ郷町三成五〇〇　法光寺内

（☎〇八四八-四八-〇〇二四／FAX四八-三七二四）

◇出版事務局　〒七二八-〇〇〇三　広島県三次市東河内町二三七　西善寺内（☎／FAX〇八二四六-三-八〇四二）

「群萌学舎」講読の会の歩み

（講師）円日成道師　（内容）『観無量寿経』講読

第１回	1991年10月８～９日	明覚寺（広島県双三郡吉舎町）	『群萌の一人』
第２回	1992年６月２～３日	慶照寺（府中市出口町）	『昔日の因縁』
第３回	1992年10月５～６日	法光寺（尾道市美ノ郷町）	『浄邦の縁熟』
第４回	1993年６月１～２日	MGユースホステル（広島県甲奴郡上下町）	『浄業の機彰』
第５回	1993年10月19～20日	福泉坊（福山市駅家町）	『光台の現国』
第６回	1994年６月１～２日	西善寺（三次市東河内町）	『如来の微笑』
第７回	1994年10月４～５日	本願寺備後会館（福山市東町）	『不遠の弥陀』
第８回	1995年６月１～２日	照善坊（三次市糸井町）	『父母の孝養』
第９回	1995年10月12～13日	慶照寺（府中市出口町）	『浄業の正因』
第10回	1996年６月４～５日	明覚寺（広島県双三郡吉舎町）	『仏語の宣説』
第11回	1996年９月26～27日	法光寺（尾道市美ノ郷町）	『無生の法忍』
第12回	1997年６月５～６日	光永寺（広島県双三郡三和町）	『日没の諦観』
第13回	1998年１月26～27日	本願寺備後会館（福山市東町）	『観地の説法』
第14回	1998年７月15～16日	本願寺備後会館（福山市東町）	『七重の行樹』
第15回	1999年１月25～26日	本願寺備後会館（福山市東町）	『願力の所成』
第16回	1999年９月27～28日	本願寺備後会館（福山市東町）	『仏像の心想』
第17回	2000年１月24～25日	本願寺備後会館（福山市東町）	『念仏の衆生』
第18回	2001年１月22～23日	松乃屋旅館（福山市東町）	『菩薩の妙用』
第19回	2001年７月２～３日	松乃屋旅館（福山市東町）	『神通の如意』
第20回	2002年１月21～22日	松乃屋旅館（福山市東町）	『経言の三心』
第21回	2002年７月４～５日	松乃屋旅館（福山市東町）	『中輩の機類』
第22回	2003年７月９～10日	本願寺備後会館（福山市東町）	『下輩の機類』
第23回	2004年４月12～13日	ウェルサンピア福山（福山市）	
第24回	2004年10月４～５日	本願寺備後会館（福山市東町）	
第25回	2005年４月４～５日	本願寺備後会館（福山市東町）	

著者紹介

円日 成道（まどか　じょうどう）

1927年　生まれる

1954年　浄土真宗本願寺派　光円寺（福岡教区福岡組）住職

1999年　退職

著書　『娑婆に生きて』（教育新潮社）

『いのちにそむきて』（探究社）

『終わりなき世に立ちて』（教育新潮社）

『三つの髻』（本願寺出版社）

『わたしの立っている所から－自心に建立せよ－』

（備後・靖国問題を考える念仏者の会）

『観無量寿経講読Ⅰ～XXI』（永田文昌堂）

住所　福岡市中央区天神3丁目12－3

下輩の機類　観無量寿経講読XXII

2019年5月20日発行

著　者　**円　日　成　道**

発行者　**永　田　　悟**

発行所　**「群萠学舎」出版事務局**

〒728−0003　三次市東河内町237　西善寺内

電話　08246−3−8042

「群萠学舎」事務局

〒722−0215　尾道市美ノ郷町三成500　法光寺内

電話　0848−48−0024

永田文昌堂

〒600−8342　京都市下京区花屋町通西洞院西入

電話　075−371−6651

振替　01020−4−936

印刷　尾道 田中凸版印刷　　ISBN978-4-8162-5522-9 C1015